イラストでひと目でわかる

お客様に嫌がられる接客 喜ばれる接客

平山枝美 著　キタハラケンタ 絵

日本実業出版社

押し売りしなくても売上は伸びる——はじめに

声かけすると「はっ」と驚かれる。
質問しても「そうですね」とあしらわれる。
商品説明しても「ふーん」で終わる。

こうしたことに悩む人も「接客の進め方」を少し変えるだけで、お客様と楽しくコミュニケーションを取りながら、売上をあげられるようになります。

私自身、お客様とコミュニケーションを取るのがとても苦手でした。良かれと思って伝えた「安いですよね」「若々しいですよね」という言葉で苦笑いされたり、遠慮しすぎて提案できず売上が伸び悩んだりしました。

「接客、もうしんどい。向いてないかも……」

そう思いかけたとき、尊敬していた先輩がアドバイスをくれました。

「『自分がどう売りたいか？』じゃなくて、『お客様がなにをしてほしいか？どうしたら喜んでもらえるか？』を考えないと売上も伸びないよ」

この言葉が、お客様の状況や気持ちを考えるきっかけになり、接客での行動や言葉づかいを見直すようになりました。

すると、売上がぐんぐん伸びていきました。


この本では、売り場に立ち始めた人から、何年か接客の仕事をしているけど自信がない人まで、多くの販売員がよく悩むシーンを盛り込みました。

「嫌がられる接客」と「喜ばれる接客」の違いがイラストを見るだけで確認できるように構成しました。あわせて解説文を読めば、売り場ですぐに使える言いかえフレーズも学べます。

アパレル・家具インテリア・雑貨店で働いていた私自身の経験、スポーツ用品店や美容室などへの研修などの経験をふまえて、幅広い業種の人たちに役立ててもらえるように強く意識しました。

本書を読めば、お客様の気持ちを考えながら「どうしたら買いたくなるのか？」がわかるので、押し売りしなくても売上が伸びるようになります。「声をかけてもらってよかった」「商品提案してもらってよかった」とお客様に喜ばれる接客術が身につきます。その結果として、「あなたから買いたい」「これもください」「また来ます」とお客様から笑顔で言ってもらえ、売上・セット率・再来店率・顧客数などの数字も伸びるでしょう。

なにより、接客することが以前より楽しく感じられるようになります。

みなさんが「喜ばれる接客」を実践し、お客様からの「ありがとう」であふれる売り場が増える。本書がそのきっかけになることを願っています。

２０２１年９月

平山 枝美

第2章 お客様に嫌がられる質問 喜ばれる質問

第3章 お客様に 嫌がられる提案 喜ばれる提案

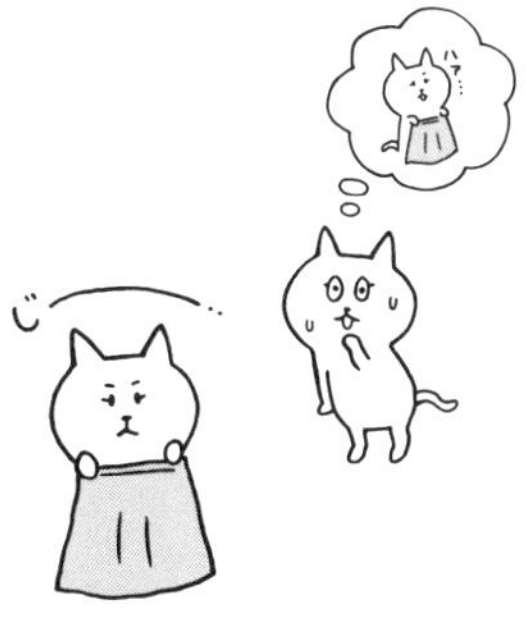

じー

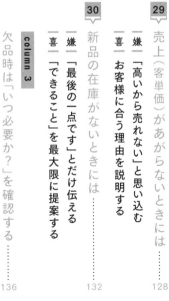

第4章

お客様に嫌がられる言葉づかい 喜ばれる言葉づかい

第6章 お客様に嫌がられるひと押し 喜ばれるひと押し

イラスト/キタハラケンタ
ブックデザイン/西垂水敦・松山千尋(krran)
DTP/一企画

第1章

お客様に
嫌がられる声かけ
喜ばれる声かけ

嫌 あわてて呼び込みを始める

「ターゲット」にされ売りつけられそうで
店を素通りしたくなる

喜　あえて呼び込みせずにテキパキ動く

CAT APPAREL
なんだか入りやすそう

声をかけられずに一人でゆっくり
見られそうで気軽に入りやすい

あわてて呼び込みしない

店の前をお客様が通りかかったとき、「お客様が来た！」とあわてて呼び込みをしていませんか？

お客様が「ターゲット」にされているように感じてしまうと、販売員が呼び込みをしてもかえって入りづらいものです。

お客様を見かけたらあわてて呼び込みをするのではなく、商品の陳列を整えながら、自然な笑顔とテキパキした動作でお客様が入店しやすい雰囲気をつくることを心がけましょう。

私が早番で店に出勤したときのことです。開店したばかりで通路にはお客様がおらず、がらんとしていました。

するとと、二人連れのお客様が店の前を通りかかりました。すかさず「いらっしゃいませ」と呼び込みをしたのですが、お客様同士で顔を見合わせ、気まずそうにしながら店から足早に離れてしまいました。

あるとき、本部から商品の問い合わせの電話が入り、バタバタと店内の商品を調べていると、気づけば数人のお客様が入店していました。私の様子を見て、「声をかけられずに、一人でゆっくり見られそうだ」と思ったからでしょう。

お客様が少なくシーンとしている時間帯は、無理に声を張り上げるよりも、手元を動かしたほうがお客様は入店しやすいことを実感しました。

お店に入りづらい理由を自分たちでつくってしまっていないかを、お客様の気持ちでいま一度考えてみましょう。

02

声かけの前にお客様を見るときには

嫌 「商品を手に取るタイミング」だけ見る

さっきから
じーっと
見られてる!
いつ声を
かけようかな?
ジー

ほかのポイントを見ていないので
お客様に合わせた言葉をかけられない

喜

「ポイント」を決めて観察する

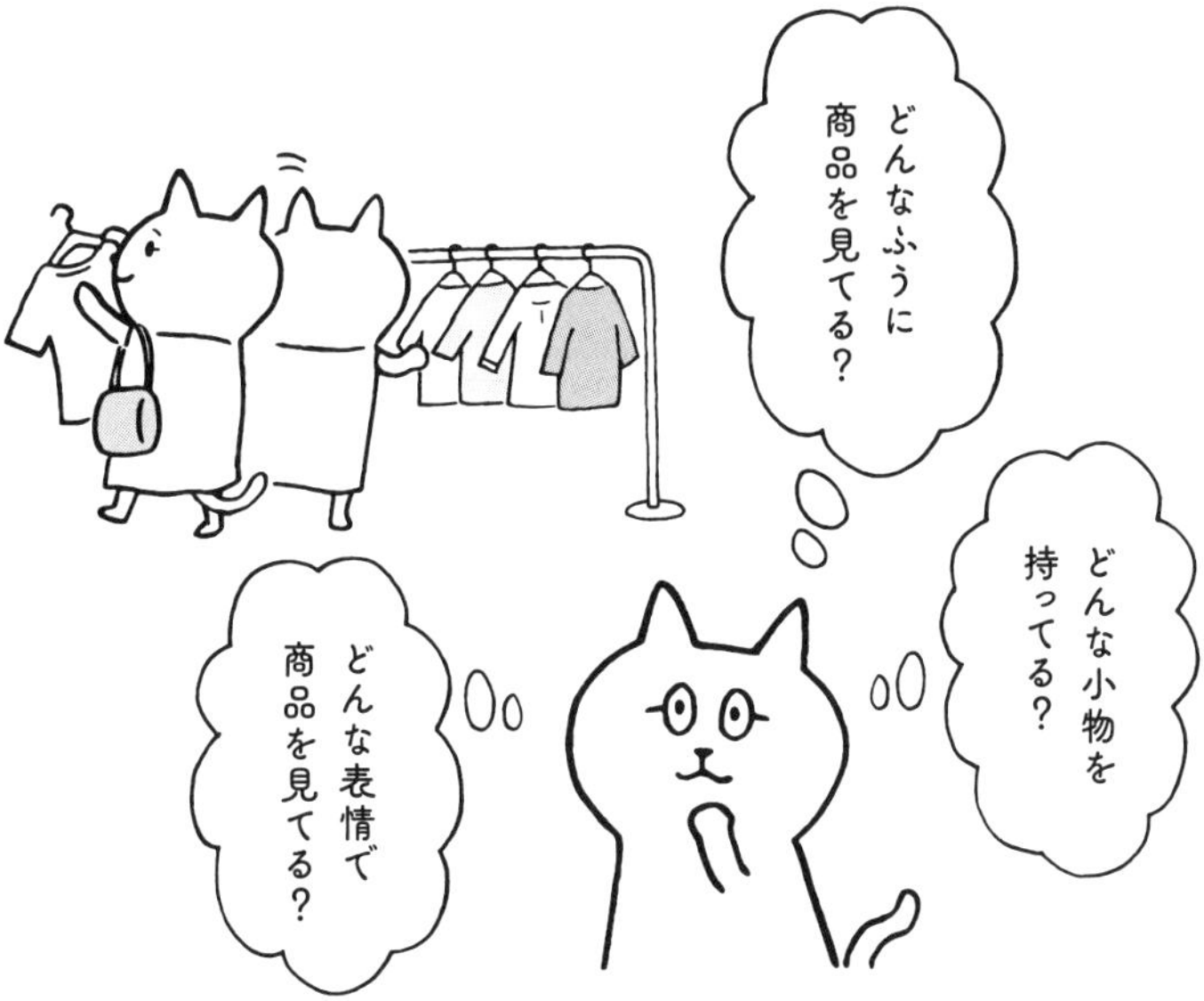

お客様に合わせた言葉をかけられるので、
「接客を受けたい」と思ってもらえる

三つのポイントを押さえればＯＫ

声をかける前に、お客様のなにを見ていますか？

声かけのコツは、お客様の気持ちや心の動きを把握することです。お客様が商品を手に取るタイミングを見るだけでは、お客様の気持ちを見逃してしまいます。お客様のちょっとした仕草・装い・行動などを観察すれば、心の動きを読み取れます。

おもなポイントはつぎの三つです。

①どんなふうに商品を見ているか？

「商品のなにを気にしているのか？」を観察します。たとえば、かばんを上げ下げしている仕草は「重さを気にしているのかな？」などと推測できます。

②どんな小物を持っているか？

お客様の持ちものから好みを想像します。たとえば服はシンプルでもスマホケースがキャラクターものだと、じつはかわいいものが好きなのかもしれません。「カラフルなものをすすめてみようかな」などと提案のヒントになります。

③どんなふうに商品を戻したか？

たとえば、手に取った商品が気になりながらも戻したのなら「保留」、どこか一部分（値札など）を見てすぐに戻したのなら「この値段ならいらない」、などと想像できます。

この三つをよく観察して想像をふくらませておくと、お客様にいつどのように声をかけるかを考えやすくなります。

「丈の長さが気になりますか？」など、お客様の興味がある部分に合わせて話ができるようになると、意思疎通しやすくなるでしょう。

嫌 「接客してサイン」に気づかない

お客様は仕草や視線から
「接客してサイン」に気づいてほしい

喜 「接客してサイン」に気づく

仕草や視線から「接客してサイン」に気づき
お客様の気持ちに合わせて接客する

「接客してサイン」を見逃さない

何度声かけしてもお客様からよい反応が得られず、「調子がよくない」と感じる日もあるでしょう。その理由の一つは、お客様が出している「接客してサイン」にうまく気づけていないからかもしれません。

声をかけたときのお客様の身体の向き、うなずき方、視線などに注目すると、接客を続けるか、一度離れるかを冷静に判断できます。

ある店で商品を見ていると、となりにいたお客様が販売員に話しかけられていました。私はそのお客様が先ほどからしきりに商品を持ったり戻したりしているのを見ていたので、「きっと接客を受けたいんだな」と思っていました。

販売員に声をかけられたときも、販売員のほうに身体を向けて、にっこりと笑ってウェルカムムードだったのですが、販売員はなぜか「ごゆっくりご覧くださいませ」と離れてしまいました。

お客様が「接客してサイン」を出しているのに、販売員がそれに気づいていないといったことは、じつは頻繁に起こっています。

販売員が声をかけてもお客様から目を合わせてもらえず、黙って商品を戻されてしまうことが続くと、「どうせこのお客様もそうだろう」と離れていってしまうようです。

しかし、お客様の行動を冷静に見てみると、「肩を販売員のほうへ向ける」「視線が一瞬でも合う」「商品を戻す素振りがない」などと、接客をそのまま続けてほしいというサインを出しているお客様もいます。

このようなお客様は販売員が離れてしまうと、がっかりします。販売員が引くだけ、お客様も引いてしまうものです。お客様の動きを見て、自分の行動を決めましょう。

嫌 ダラダラ長い説明をする

お客様はダラダラ話されると、
「あ、もういいや」と思ってしまう

喜 ひと言で商品の魅力を伝える

そのパンツ、
ラインが
すごくきれい
なんです!!
スラッ
なぬ!?

お客様はひと言で魅力を伝えられると「続きが聞きたい」と思う

商品の魅力を語りすぎない

声かけしたあとに、商品の特徴をひと言で伝えて興味を引くことを「ワンポイント商品説明」といいます。ダラダラと説明せず、ひと言で伝えられるようにしましょう。

私が新人だったときのことです。パンツを手にしていたお客様に「ありそうでないですよね」と声をかけると、お客様が手を止めてくれました。

そのあと、私が「そちらは○○というブランドのパンツで、いま注目のデザイナーがいて、きれいなシルエットが得意な……」と説明を続けると、お客様はだんだんとトーンダウンした様子になってしまいました。

その同じ商品を別のお客様に案内しようとしたとき、うまく言葉が出てこず、「すっごく、ラインがきれいなんです」とシンプルに伝えると、「そうなの？」と興味を持ってくれたのです。

私はそのとき、「短いひと言で伝えたほうが聞いてくれるようになる」と気づきました。

声かけのあとは、ひと言で商品のメリットを言い切りましょう。

「このバッグは驚くほど軽いんです」など、商品のメリットをひと言で伝えると、お客様の興味が一気に高まるのを実感できるでしょう。

ひと言で短く言い切ると、自信を持ってすすめたい気持ちが伝わり頼もしく感じてもらえ、「続きを聞いてみたい」と思ってもらえます。

嫌　見ている色にコメントしない

この色が
気に入ったのに
ほかの色も
ございますので

「いま手にしているものはダメなの？」と
お客様は自分の好みを否定されたように感じる

喜　見ている色を肯定する

その色もすてきですが、こちらの色もいいですよ
わ、ホントだ！

「気に入った商品」と「おすすめ商品」を見比べて、
より気に入ったものを購入できる

「ほかの色もございますので」をやめてみる

お客様が商品を手に取ったとき、「ほかの色もございますので」と声をかけることも多いでしょう。

でも、これはあまりおすすめできません。「私はこの色がいいと思ったのに」と自分の好みやセンスを否定されたように感じてしまうお客様もいるからです。

こうした場面では、「そちらもいいですよね」とポジティブに前置きし、「こんなすてきな色もあります」と伝えましょう。

ある雑貨店でケトルを「すてきな色だな」と思って見ていたところ、販売員から「そちらもいい色ですよね。いま出ていない色もとてもすてきです」

と声をかけられました。

そこで見せてもらった商品は、たしかに渋みのある美しい色でした。結局、最初に見ていた色のケトルを買いましたが、見比べられたおかげで、満足感がさらに高まりました。

最初に「ほかの色もございますので」と声をかけられていたら、がっかりして、その商品を買わなかったかもしれません。


このように、お客様が手に取っていたものを肯定しながら、ほかの色の商品もあることを伝えると和やかな雰囲気で提案できます。

衣料品のサイズについても、「ほかのサイズもございますので」ではなく、「サイズによってお召しになる印象が変わります」と前置きし、「出ていないものはすぐご用意します」と伝えましょう。


選択肢を増やしてもらうつもりで声をかけて、お客様がよりよい商品を選ぶお手伝いをしましょう。

06

商品を手に取って見比べていたら

嫌 仕草に関係のない声かけをする

「気にしているのはそこじゃない」と
気の利かない印象を持つ

喜　仕草に合わせて声をかける

どちらの色も迷っちゃいますよね
そうなんですよ！
話が早い！

「話が早い！」と気の利いた印象を持ち、
「この人に接客してもらいたい」と思える

いきなり商品説明が喜ばれることも

接客は、さまざまな手順を踏むのが基本です。

場合によってはお客様の仕草や表情に合わせて、最初から商品説明や提案に入ったほうが喜ばれることがあります。

アパレルの売り場に立っていたときに、お客様が二本のパンツを見比べながら、黒にするか、紺にするか、色で悩んでいるのがわかりました。

私はここぞとばかりに、「かわいいですよね」と話しかけましたが、お客様からめんどうくさそうな顔をされてしまいました。

このお客様の場合、買うことは決まっていて、あとは黒にするか紺にするかで悩んでいました。

ところが、色に関係ない話題で私が話しかけたため、遠回しでまどろっこしい印象を与えてしまったのです。

お客様は、黒のパンツと紺のパンツを見比べていたわけですから、「色で悩んでいるのかな?」と推測できます。それをもとに、「どちらもいい色ですよね」などとストレートに声をかけ、「こちらの色のほうがお客様の肌色になじみそうです」とすぐに提案すればよかったでしょう。


お客様に話しかける前に、仕草をよく見て、「なにに悩んでいるのか?」「なにが気になっているのか?」を推測しましょう。タグで素材などを気にしている様子ならその説明をします。

「いま、なにがいちばんお客様に求められている行動なのか?」を見極めて話しかけると、気が利いた印象になります。

嫌 反応を引きずって声をかけない

ハア…
じーっと見てる
でもさっき
反応
悪かったしな
じ……

商品への興味が高まっているのに、
声かけのタイミングを逃してしまう

喜 ルールを決めて声をかける

二回めだから声をかけよう
印象に残るスカートですよね
はい

商品への興味が高まっているので、
「ちょうど話を聞きたかった」と思える

商品を二回手に取ったらまた話しかけてもOK

ファーストアプローチ（最初の声かけ）でお客様からいい反応が得られなかったことを引きずると、再び声をかけるセカンドアプローチのタイミングを逃しやすくなってしまいます。「お客様が商品を二回手に取ったら話しかける」などと、自分でルールを決めて話しかけてみましょう。

私は新人のころ、セカンドアプローチが苦手でした。ファーストアプローチのときのスルーや鈍い反応が頭をかすめ、「声をかけたら迷惑かもしれない」と及び腰になってしまっていたからです。

あるとき、ファーストアプローチをしたときに反応がよくなかったお客様が、いくつかのスカートを手にしながら悩んでいる様子を見かけました。

あまりにも悩んでいるのでおそるおそる「印象に残るスカートですよね」と話しかけると、お客様の反応が先ほどよりもずっと明るくなっています。

それは、商品を手に取っているうちに興味がわき、「販売員から話を聞いてみたい」と思っていたからでした。

それ以来、「お客様が商品を二点以上手に取る」「商品を持ったまま鏡を探している」「カバンのなかをのぞこうとしている」など、その行動や仕草を見て商品に興味がわいたとわかったときには、ためらわずにセカンドアプローチをするようにしました。

すると、どのお客様も柔らかい反応になり、こちらからの会話にも応じてくれるようになりました。

お客様の後ろからじっと見ているのではなく、ルールを決めて話しかけましょう。お客様が接客を受けたいタイミングに合わせやすくなります。

08

同じ商品を気にしているお客様に声をかけるときには

嫌

「気持ち」を読んで話しかける

やっぱり気になりますよね

自分の行動や気持ちを読まれているようで、
恥ずかしくて気まずい

喜 「商品」について話しかける

商品についてだと話しやすく、
気になったことも聞きやすい

「やっぱり、気になっちゃいますよね」は気まずい

お客様が同じ商品をまた手に取ったとき、「やっぱり、気になっちゃいますよね」と販売員が声をかけると、お客様は行動を読まれていたようで、気恥ずかしく感じるものです。

「印象に残りますよね」「じつは、◯◯なところがピッタリだなと感じていました」と共感や感想を伝えると、お客様とスムーズに話せます。

私が財布を買いに行ったときのことです。気になった財布を手に取りましたがすぐに戻し、店をグルッと回ってその財布のもとへ戻ってきました。

すると、先ほどの販売員が「この色合わせ、印象に残りますよね」と話しかけてきました。

私もまさにそう思っていたところだったので、「気になっちゃったんです」と答えると「じつはお客様がいまお持ちのバッグと雰囲気が合っていてすてきだな、と感じていました」と言われ、そこから会話がふくらんでいきました。

お客様にセカンドアプローチをするときは、「やっぱり気になっちゃいますよね」と気になってしまうことに共感するのではなく、「印象に残りますよね」と商品に対する感想を共有しましょう。

「どの点がとくに印象に残ったのか、どの点をいいと思って手に取ったのか」をきっかけに話をふくらませると、ニーズを引き出しやすくなるでしょう。

嫌

「細かい魅力」を先に伝える

特別なこだわりのある人以外は、
最初に知りたいことではない

喜 「いちばんの魅力」をひと言で伝える

ぐっと引き込まれて、
商品への興味が一気に増す

いきなり「生産地や素材」の説明をしない

ファーストアプローチのあと、お客様の興味に合わせてひと言で商品説明をします。「お客様がどのようなことに興味があるか？」を考えて、言葉を選びましょう。

私が羽毛ぶとんの接客をしたときのことです。

お客様が商品を手に取っていたので、声をかけたあと「そちらはフランス産のフェザーを使用しております」と伝えました。

しかし、お客様は「それがどうしたの？」という表情で、すぐに商品に視線を戻してしまいました。

しばらくしてから、別のスタッフがお客様に話しかけました。

「こちらのふとんは、かけた瞬間からふわっと軽いです」と伝えると、お客様が明るい笑顔で大きくうなずき、たったひと言で引き込まれた様子が伝わってきました。

産地や素材については、特別なこだわりがあるお客様や商品は別として、たいていのお客様は興味が薄いものです。「自分が実際に使ったらどうなのか？」という商品のいちばんの魅力をまずは知りたいものです。産地や素材がその商品の魅力の根拠になっているなら、あとから伝えればいいでしょう。

「一日履いても楽です」「軽いのにあたたかいんです」「小さくて持ち運びしやすいです」など、お客様が興味の引くようなことをひと言で伝えましょう。

嫌 達成感を味わいながらレジ作業する

接客中だから遠慮していたお客様の「接客してサイン」に気づかない

喜 ほかのお客様の様子をすぐに確認する

「接客してサイン」に気づいて
つぎの接客につながる

接客後に「新たな接客」のチャンスがある

お客様の会計が終わったあとの達成感は格別です。しかし、その喜びに浸ってひと息ついているあいだに、接客が終わるのを待っているお客様がいるかもしれません。接客を終えたあとこそ、すぐに周りを見て「接客してサイン」を出しているお客様がいないかを確認しましょう。

私は店に行くと、お客様の動きを観察してしまいます。ある日、お客様が靴を手に、販売員を探してキョロキョロしているところを見かけました。販売員は、レジで会計後の片づけをしています。お客様は途中であきらめたのか、靴をもとの場所に戻して去ってしまいました。

販売員が接客している店は、ほかのお客様からすれば「ほかの人を接客しているから、ゆっくり商品を見られる」と安心して入店しやすいものです。商品をじっくり見られるぶん、商品への興味も高まりやすくなります。

すると、「販売員に声をかけてもらって購入のきっかけにしよう」と考えたり、「サイズを出してもらおう」「わからないことを聞いてみよう」と思ったりするお客様も増えるのです。

自分が接客や会計を終えた直後ほど、店内にいるお客様の様子に気を配りましょう。

もし、「目が合う」「商品を長いあいだ手に取っている」などのサインを見つけたら、レシートなどの大切なものだけはしまい、あとから処理できるように見えない場所に寄せてから売り場へ出て声をかけましょう。

このように、接客後のひと息ついたときこそ、店内のお客様の様子を観察し、新たな接客につなげましょう。

お客様のテンションに合わせよう

「笑顔で元気よく」は接客の基本ですが、「元気がいい＝調子のよい」語り口を好むわけではありません。お客様の雰囲気やテンションに合わせて接客しましょう。

五人ほどで集まったとき、「接客されるのが苦手だ」という話題になり、その理由を聞いたところ、「販売員の独特のテンションが苦手」と答えが返ってきました。

独特のテンションとは、「『いらっしゃいませー』という甲高いあいさつ」「不自然に大きなリアクション」「無理しているような大げさな笑い方」などのことでした。

こうしたテンションで接客すると、お客様に温度差を感じさせてしまい、「この店に入りたい」「この販売員に接客してもらいたい」と思ってもらえません。

大切なのは、お客様の表情や話し方を見て、どのように話すかを考えることです。

落ち着いている印象のお客様には柔らかい口調で話しかけ、友人同士で盛り上がっているお客様にはこちらも元気よく話しかけましょう。

声かけから自然に接客につなげる販売員は、お客様に雰囲気を合わせて接客をしているのです。

＼ 第**2**章 ／

お客様に嫌がられる質問 喜ばれる質問

11

お客様のニーズを引き出すためには

嫌 なんとなく質問する

販売員の都合で聞いた質問は
お客様にプレッシャーを与えてしまう

喜　目的を持って質問する

① 事実を聞く
② 本当のニーズを見つける
③ 興味を示す

3つの目的を意識して質問すると、お客様が答えやすくなる

なんとなく質問しない

お客様のニーズ（要望や悩み）を把握するうえで、質問は欠かせません。
でも、「なにか（○○を）お探しですか？」「あちらの商品をご覧になりますか？」と接客するための質問を繰り返すと、お客様は誘導や詰問されているように感じ、「買わされてしまう」と警戒してしまいます。

質問するときには、お客様を知るための三つの目的のどれかを意識しましょう。

一つめは「事実を知るため」です。
「最近買ったものはなんですか？」「赤と白ならどちらがお好きですか？」など、いまの状況や好みを把握したうえで提案するための質問です。

二つめは「ニーズを見つけるため」です。
先ほどの事実からもう一歩踏み込み、「それを買いたくなったのはどのような理由ですか?」「赤のほうが好きなのは、〇〇だからですか?」とお客様が気づいていないニーズを掘り起こしていくための質問です。

最後に「興味を示すため」です。
たとえば「すてきですね。どこで買ったのですか?」「いいですよね！赤が好きになったきっかけってなんですか?」など、共感を示しつつ質問します。人は自分に興味を持ってもらっていると、好意を持たれていると感じます。こちらから距離を近づけることによって、お客様に心を開いて話しやすい状況をつくるためのものです。

お客様に質問するときには、三つの目的を意識しましょう。

嫌　その日の外見をもとに接客する

お仕事でもジーンズOKでしたら……
あれ、なんか反応が鈍い……

「いつも違うんだけど……」と思われずれた商品を提案してしまう

喜　「ふだんも〇〇ですか」と確認する

外見から得た情報について確認すると、
お客様に合った商品を提案できる

お客様の外見だけで判断しない

どんなに感じよく声をかけても、お客様は「この人きちんと接客してくれるかな？」と感じているかもしれません。なるべく早い段階で会話のキャッチボールをしてお客様のニーズを引き出しましょう。

会話の糸口として、外見から得た情報を確認するのがおすすめです。お客様が来店したときの服装は、いつもそうとはかぎらないからです。外見から得た情報は、ただの思い込みかもしれません。

私が仕事用のカバンを見に行ったときの話です。販売員から声をかけられたあと、「今日はジーンズでカジュアルなスタイルですが、お仕事もそうなんですか？」と聞かれました。

私は間違った情報を伝えてはいけないと思い、自分から「仕事のときは、襟つきのシャツを必ず着ます」など、そのとき着ていたスタイルとは違うことを説明しました。
すると販売員は、「では、スーツとまではいかなくても、比較的かっちりしたものをお召しになるのですね」など質問を重ねてくれ、気がつけば、自分から仕事のときのスタイルについてあれこれと話をしていました。質問の内容から私に興味を持ってくれたのかなとうれしく感じ、欲しいもののイメージや場面を話しやすくなりました。

お客様の外見をもとに、こちらから「かわいらしいスマホケースですが、インテリアもそうですか?」「今日はメガネをかけていらっしゃいますが、ふだんからそうですか?」などと質問すると、たまたまその日の装いなのか、ふだんからそうなのかを確認できます。さらに、お客様から自分のスタイルについて話してくれるでしょう。

嫌 雑談せずに質問だけで聞こうとする

この日やけ止めは
白浮き
しないんです
それもいいけど
落ちにくいのを
探してるんだよなー

あれこれ質問すると答えるのをめんどうがられ
お客様が求める商品を案内できない

喜 雑談して自然に引き出す

雑談で聞いた情報をもとに提案すると
お客様に合った商品の魅力を説明できる

雑談をしないのはもったいない!?

「商品以外の雑談は、お客様に嫌がられるからしない」と決めている人も多いようです。でも、それはもったいないことかもしれません。

雑談をきっかけに、お客様への提案に活かせるヒントを得られることもあります。お客様の言葉に敏感になり、「それってこういうこと?」と想像をふくらませると、お客様自身もうまく言葉にできていないニーズに触れられるでしょう。

小さな子どもを持つ美容部員の話です。口コミサイトで見た日やけ止めクリームを目当てにお客様が来店しました。そのクリームのセールスポイントは、塗ったときに白い部分が残らず肌になじみやすいことです。

接客中、「今日は暑かったですね」と天気の話題を振ってみると、「公園で子どもを遊ばせているのもたいへんでした」とのことでした。

そこで、美容部員が自身の体験も踏まえて、「こちらは白浮きしないことはもちろん、汗で流れにくいのも魅力なんです。公園に行くときも活躍しますよ」と伝えました。

すると、お客様は「まさにそういう日やけ止めを探していたんです！」とうれしそうな顔をしました。

このように、あれこれ質問するよりも雑談のほうが自然にお客様のライフスタイルやニーズについての情報を聞き出せることもあります。その情報をもとに、お客様にピッタリの商品を提案しましょう。

もちろん無理に雑談する必要はありませんが、天気などの話題を振って反応を見てみましょう。

14

お客様が特徴のある商品を探していたら

嫌　言われたとおりに商品を案内する

白いベッドってありますか？
申し訳ございません
ご用意がございません
そうですかー
残念!!

お客様の「本当の望み」に答える
商品を提案できない

喜　「なぜ欲しいのか？」を聞いてから提案する

「なぜそれが欲しいのか？」を聞くと、
本当に必要なものを提案できる

「○○が欲しい」の理由を探る

「○○が欲しい」とお客様に言われると、その要望に応えたくなるものです。

でも、その要望の奥には、お客様も気づいていない、本当に必要なものやコトが隠れているかもしれません。**「なぜそれを探しているのか？」を質問して引き出せれば、よりよい商品を提案できます。**

インテリア店でお客様から「このベッドの白が欲しい」と言われました。

そのベッドは、白の商品自体があいにく生産されていませんでした。

それを伝えたうえで、「白い家具がお好きなんですか？」と質問すると、「別にそういうわけじゃなくて、部屋を広く見せられるって聞いたので」と返ってきました。

そこで、「お部屋を広く見せるなら色だけではなく、低めの家具を選ぶのもおすすめですよ」と提案しました。

すると、お客様は「そうなんですね。知らなかったです。白以外にも選択肢が広がりました」とうれしそうに商品を選んでいました。

「白いベッドが欲しい」の理由は、ほかにも「白が好きだから」「白じゃないといま部屋にある家具と合わないから」「雑誌で見た白の家具がかわいかったから」など、いろいろあるでしょう。

このように、お客様がその商品を欲しくなった理由や経緯を聞くと、思いも寄らない答えを聞き出せます。

その理由がわかれば新しい商品を提案できますし、在庫がないときにも別の商品を提案できるなど、お客様によりピッタリな商品選びをお手伝いできるでしょう。

15

その商品を求める理由を聞きたいときには

嫌 「なぜですか?」を連発する

ネックレスはゴールドが多いんですね?なんでですか?
えっ、好きだから?

お客様は答えづらく、
居心地が悪く感じてしまう

喜　「○○だからですか？」と理由を確認する

ゴールドがお好きなのはお洋服に合うからですか？
それもあるんですけど
パーソナルカラーでゴールドがいいって言われたんです

お客様の商品選びの基準がわかり
提案しやすくなる

「なぜですか？」ではなく「○○だからですか？」と聞く

お客様に欲しくなった理由や経緯を確認するときに、「なぜですか？」といきなり聞くと、驚いて言葉に詰まるお客様もいます。

そうした場面では、「○○だからですか？」と推測したことを聞いてみましょう。

アクセサリーの接客を受けていたとき、「ゴールドとシルバーだと、ゴールドを身につける機会が多い」と私は答えました。

すると、販売員から「今日のお召しものにもゴールドがよく映《は》えていますね。お手持ちのお洋服に合わせやすいからですか？」と重ねて質問されました。

「それもありますが、私のパーソナルカラーではゴールドがいいと言われたからです」と答えました。

私がパーソナルカラーをもとに色を選んでいると知った販売員は、それから先も肌色に合わせて商品を提案してくれました。

このように、「なぜですか?」といきなり質問するのではなく「○○だから（なの）ですか?」と質問すると、商品選びの基準がわかります。

たとえば、「使い慣れているからですか?」「お仕事で使うから（の）ですか?」「お好きだから（なの）ですか?」などと聞きます。

こうした質問をしてもお客様からあまりよい反応が返ってこないときは、それ以上聞かれたくないか、話題を変えてもらいたいときです。

「ゆっくりご覧になってください」と引くか、別の質問を投げかけて話題を変えましょう。

嫌 「そうですね」のあとを考えずに話す

ふだんもパンツが多いですか？
そうですね
……

そのあとの会話が続かないと
お客様は気まずく感じてしまう

喜　「どのように」を意識しながら聞く

お客様が続きを話しやすく、
用途や利用シーンをつかみやすくなる

「どのように」で会話をふくらませる

「はい・いいえ」など二択で答えられる質問は、答えてもらいやすい一方で、会話をふくらませにくいのが難点です。そこで、お客様に「どのように」と聞くと会話が広がっていきます。

私の後輩はお客様との会話をふくらませる名人でした。そっと会話を聞いていると、このように会話していました。

後輩　「今日はパンツスタイルですが、ふだんもパンツが多いですか」
お客様「どちらかというと、そうですね」
後輩　「パンツって、服のテイストを変えやすいからたくさん穿《は》いちゃいますよね。今日お召しのパンツは、どのように組み合わせることが多いですか」

お客様「そうですね。今日みたいにニットと組み合わせることが多いですね……、いや、いつもこんな感じかもしれません。そんなにバリエーションはないですね。違うのを着ようとは思うんですけど」

このように「どのように」「どのようなときに」「どのような場所で」など、方法やシーン、場所について伺いましょう。

すると、お客様も話しているうちに自分のふだんのスタイルや望んでいることを言葉にしやすくなります。「コーディネートのバリエーションを増やしたい」など、お客様の要望を聞き出せます。

いま使っているものに対しての不満や、気に入っているところ、困っているところなどのニーズを確認できて、会話が広がりやすくなるでしょう。

嫌 「どんなふうに」と漠然とした質問をする

どんなふうにお使いになりますか?
えっ どこから話せば……?

「なにを話せばいいのか」が
イメージしづらい

喜 「たとえば」で くわしく聞き出す

どんなふうにお使いになりますか？
私の場合部屋で座っているところだけでいいので小さいものを使っています
私も自分がいるところだけでいいので、小さくていいんです

お客様は「なにを答えればいいのか？」をイメージできて話しやすくなる

例を話すと「くわしい情報」を引き出せる

お客様が「〇〇の場面で使いたい」などニーズがはっきりしている場合、よりくわしく聞き出しましょう。このときに、自分の例を出して話すと、お客様もくわしい情報を話しやすくなるものです。

私がホットカーペットを買いに行ったときのことです。販売員から「どんなふうにお使いになりますか？」と質問されました。

とっさの質問にどう答えていいかわからず、「椅子に座っているときに」くらいしか答えられませんでした。

すると販売員が「私はこのくらいの小さなホットカーペットをテーブルの

下に敷いています。パソコン作業をするとき足元が冷えるからなのですが、ひざかけもあるし、足元だけちょっとあたたかければいいかな、と思って。お客様もひざかけなどはお使いになりますか?」と自分の使い方をくわしく伝えてから話を再び振ってくれました。

そこで、私は、販売員が話してくれたことを参考に、敷きたい場所の広さやその部屋がかなり底冷えすること、パソコン作業をしながらもしょっちゅう席を立つことなどをくわしく話したところ、販売員から私の使い方に合った商品を提案してもらえたのです。

このように、お客様からくわしい情報を聞きたいときには、「たとえば私は○○していますが、お客様はいかがですか?」と自分の体験を例に話すのがおすすめです。

日ごろから、「私が○○するときはどうしているかな?」などと自分の体験を振り返り、接客の場面で話せるようにしておきましょう。

嫌 近くにある商品を適当に合わせる

いろいろなデニムをお持ちでしたら、こんなふうに合わせたら……
そういうのはない……
CAT

「いろいろ」「なんでも」を鵜呑みにすると、
ずれた提案をしてしまう

喜 店頭の商品を基準にイメージを確認する

たとえばどんな形ですか？こういうのですか？
あ、それより、もう少し細いです

お客様とイメージを共有できて、
提案がずれにくくなる

手持ちのアイテムは具体的に確認する

お客様に「どんな○○をお持ちですか?」と伺うと、「いろいろ」という答えがよく返ってきます。それなら「これも持っているかな」と商品を組み合わせたときにかぎって、お客様の反応が悪いことがあります。

このようなことを避けるためにも、「いろいろ」をそのままにしておくのではなく、具体的に確認しましょう。

アパレル店でコーディネートを提案するさい、「デニムにも合いますが、どんなものをお持ちですか?」とお客様に質問しました。

すると、お客様は「デニムならいろいろあるわ」と答えます。

そこで、すぐ近くにあったダメージデニムを合わせて提案したところ、お客様から「そういうのは持っていない」と苦笑いされてしまいました。

このようなときは、「たとえば、どのような形ですか?」などと聞いて、デザインや色を確認し、お客様が持っているアイテムに、自分のイメージを近づけるようにしましょう。店内に似たアイテムがあれば、お客様に見せるとよりわかりやすくなります。

ほかにも、靴やネクタイなどの小物や、料理のメニューなどバリエーションがたくさんあるものほど、お客様から「いろいろ」とよく返ってきます。しかし、そのなかでも好みがあり「茶色はない」「紅茶は飲むけどコーヒーは飲まない」など、意外な「○○がない」「○○しない」があります。

お客様が持っていないものとの組み合わせを提案しないように、ていねいに確認しましょう。

嫌 「自分がそうだから」と話を進める

こちらのポットは出しっぱなしにしてもおしゃれなんです
しまう派だから関係ないや

お客様の使い方からずれると
興味が薄れてしまう

喜 「お客様もそうか？」を確認する

お客様の使い方に合わせて
商品を案内できる

「自分がそうだから」という理由で話を進めない

唐突ですが、あなたは目玉焼きになにをかけますか？　塩、しょうゆ、ソース、ケチャップなど人それぞれでしょう。なかには、なにもかけない人もいるかもしれません。

販売員が日常的にやっていることと、お客様がやっていることが同じとはかぎりません。これは見た目では判断できないので、「お客様もそうだよね？」と思うことほど質問して確認しましょう。

ある北欧雑貨店でポットの接客を受けました。

「お客様はポットってキッチンに出しっぱなしにしていらっしゃいますか？」と聞かれました。

「いえ、ポットとか調味料は、すべてしまっているんです」と答えると、「そうなんですね。聞いてよかったです！」と返ってきました。

「こちらはスリムなデザインなので、収納しやすくて便利です」と説明してくれました。

あとで話を聞いてみると、この販売員は、「ポットのデザインがかわいいので、テーブルのうえでもおしゃれです。さらに、そのまま置いてもおしゃれなので出しっぱなしでもOKです」と伝えようとしていたそうです。

その前に、「お客様もポットは外に出しておくのかな？」とふと疑問に思い聞いたところ、私から意外な答えが返ってきたため、収納のしやすさにメリットを切り替えたのです。

このように「自分がそうだから」「そういう人が多いから」という理由で話を進めてしまうと、お客様の用途や使い方からずれる場合があります。「当たり前かな？」と思うことほど、お客様に確認しましょう。

嫌 なにも聞かずに商品の説明をする

それは見ればわかる
こちらのベッドは下の引き出しにたくさん収納できます

なにも聞かないで説明すると
見当違いの説明をしてしまう

喜　使用中の商品の長所・短所を聞く

いまのベッドで困っていることや気に入っていることはなんですか？
収納が大きいのは気に入っていたけど寝返りを打つとギシギシうるさくて
それならスプリングがきしまないのがいいですね

使っているものと比較して聞き出すとニーズを引き出しやすい

買い替えは「いまの商品」について聞いてみる

買い替えを検討するときには、お客様はいままで使っていたものと比較して商品を探します。「お使いのもので困っていたことはなんですか?」と聞くだけで、ピッタリの商品を提案しやすくなります。

私がベッドの接客をしていたときの話です。売り場に立ち始めたころに、「どのようなベッドをお探しですか?」と聞いても、お客様からはあいまいな返事しか得られませんでした。

あるとき、「いま使っているベッドで気に入った点や困った点はありますか?」と質問すると、「収納できるのはよかったんですけど、きしみが気になって」と具体的な答えが返ってきました。

そこで、ネジを極力使用していない木製のベッドとスプリングのしっかりしたマットレスを案内したところ、お客様は「これにします。もうきしみを気にしなくていいのがうれしいな」と喜んで帰っていきました。

このように、いま使っているものについて話してもらうと、具体的なニーズを引き出しやすくなります。

服や時計、メガネなどほかの商品でも同じです。

服であれば、「着る機会が少なくなった服はありますか?」と聞くと、具体的なアイテムが出てきます。さらに「そうなんですね。ちなみに、着る機会が減った理由はありますか?」と、質問を重ねると本音を引き出せます。

買い替えのお客様には、「どのようなものをお探しですか?」ではなく、「いま使っているもので気に入っていることはなんですか?」「困っていることとはなんですか?」と質問し、ニーズを具体的に探るようにしましょう。

「押し売り」と「提案」はどう違う?

販売員は心の優しい人が多いものです。商品をすすめることを「押し売りみたいで抵抗がある」と考える人も多いようです。
そもそも、「押し売り」と「提案」の違いはどこにあるのでしょうか?

私は「押し売りと提案の違いは、お客様がその商品を買うといい理由やメリットを説明できるかどうか」だと考えています。つまり、理由やメリットを説明できないなら「押し売り」、説明できれば「提案」です。

「売上があがるから」「会社全体で売りたい商品だから」といった理由は販売員の視点でお客様に関係ないので「押し売り」です。

反対に、「お客様のサイズにピッタリだから」「お客様が、○○する時間を短縮できるから」といった理由は、お客様の視点で説明できるので「提案」です。

この話をツイートしたところ、「提案するのが後ろめたかったけど、基準がわかったおかげで、気持ちが軽くなりました」と、うれしい感想が寄せられました。
提案した商品を購入するかどうかを決めるのはお客様ですから、お買い上げにつながらなくても気にする必要はありません。

第3章

お客様に
嫌がられる提案
喜ばれる提案

嫌 「あいまいなシーン」を言わない

ちょっとしたパーティにもいいですよね
ちょっとしたパーティって結婚式の二次会？
……

どんな場面かイメージしづらく
試着や購入につながらない

喜　「具体的なシーン」に言いかえる

どんな場面かをイメージしやすく
試着や購入につながりやすい

「ちょっとしたパーティ」ってどんなの？

ワンピースやアクセサリーなど、華やかな場所にピッタリな商品をすすめるとき、「ちょっとしたパーティにもおすすめです」という言葉がよく使われます。

この言葉を「ホテルでお食事のとき」など、具体的に言いかえると、よりイメージしやすくなります。

友人とワンピースを見ていたときのことです。カジュアルすぎずフォーマルすぎない、シルエットがきれいな商品でした。

販売員が「すてきですよね。シンプルなのでちょっとしたパーティにもおすすめです」とすすめてきました。

店を出たあと、友人が『『ちょっとしたパーティ』ってなんだろ？　結婚式の二次会とかかな。そういう予定もしばらくなさそうだなあ」と苦笑いしていました。

「ちょっとしたパーティ」とシーンを伝えているのに、お客様が首をかしげてしまうのは、どのようなパーティか具体的にイメージしづらいからです。

具体的に言いかえると、着用シーンが浮かび、購入につながりやすくなります。

このワンピースなら、「高級ホテルでのランチ」「フレンチレストランでの忘年会」「親戚での改まった食事会」など、食事の席を中心に挙げてみるのがいいでしょう。

お客様が着用シーンや利用シーンをイメージしやすいように、あいまいな言葉を具体的な言葉に言いかえましょう。

22

提案した商品への反応が悪いときには

嫌　反応の薄い商品をすぐ引っ込める

こちらを合わせていただくと……
あれ、あんまり好きじゃないかな？
さっ

お客様は一瞬で判断できないので、
気になってもあとで見にくい

喜 反応が薄くても見える位置に置く

こちらを合わせていただくと……
……
まだ反応がわからないから
ほかにもスカートも合わせやすいです

あとでまた見せるかもしれないので、
お客様から見える（手の届く）位置に置く

提案した商品は反応が悪くても
すぐに引っ込めない

お客様に商品を提案するとき、「こちらも合います」と組み合わせて案内した商品への反応が悪いと、すぐに引っ込めたくなります。

でも、お客様は商品の良し悪しを一瞬見ただけでは判断できないものです。あまり反応がなくてもすぐに片づけず、近くに置いておきましょう。

以前、Tシャツを鏡の前で合わせていたお客様に、「こんなふうに合わせるとすてきです」とコーディネートするパンツを見せました。

しかし、とくに目立った反応もなく、すすめても迷惑かもしれない、と早々にもとの棚へ戻しました。

ところが、試着後のお客様は「さっきのパンツも試着してみたい」と言い出したのです。
「どうせいらないだろう」と考えていた私はびっくりして、あわてて取りに行きました。

おすすめのコーディネートや組み合わせを案内するときには、反応がいまいちだったとしても、お客様が目の前の触れやすい場所にしばらく置いておきましょう。チラチラ見たり、触ったりしていないかなど、視線や仕草を見てから戻します。

お客様に商品をじっくり判断してもらうために、商品は目の前にキープしておきましょう。
触ってもらいやすい状況をつくっておくと、お客様は「それも一緒に購入したい」と感じることもあります。

嫌 「持っていない」と言われすぐ引き下がる

こういうのを
合わせると……
そういうのは
持ってないです
えっ　じゃあ
こういうのは
お持ちですか？

「じつは便利」な商品の魅力を
伝えられない

喜 「○○はお持ちですか?」と聞いて提案する

持っておくことのメリットを伝えると
「いいことが聞けた」と思ってもらえる

「○○をお持ちですか？」で商品を提案する

「いつも同じようなものを買って新鮮味がない」

お客様がこうしたことに悩んでいる様子だったら、「持っていないもの」や「ふだん選ばないもの」に意識を向けましょう。お客様は「こんなものもあるんだ」「意外に似合うな」という気づきがあると、「またあのお店に行きたい」と思ってもらえます。

ある店で、ブラウスを見ていたときのことです。販売員から「このような黒いパンツに合わせてもすてきですが、お持ちですか？」と聞かれました。

私が「持っていないです」と伝えると、販売員から「それなら、こちらのパンツはお客様にぜひはいていただきたいです」と言われ、たしかに着回しの幅が広がるかもしれないと思い購入しました。

その黒いパンツを買ったおかげで着回しがしやすくなり、いままでタンスの奥にしまったままだったシャツを着る機会が増えたり、人から「いつもと印象が変わって新鮮だね」とほめてもらえたりして、「またあの店の販売員に提案してもらいたい」と考えるようになりました。

お客様の「手持ちのもの」を確認して商品を提案するのも一つの方法ですが、「持っていないもの」を提案するのも一つの方法です。

持っていないものが、お客様も気づいていない魅力を引き出すものだったり、あると便利なものだったりします。

手持ちのものと合うことを伝えるのにくわえ、「持っていないなら、お客様には〇〇な理由でおすすめですよ」と伝えると、自分だけでは選べない商品を見つけられ、お客様の満足感をより高めることができるのです。

嫌 「新商品のメリット」ばかり案内する

お客様は新商品・多機能の商品を望んでいるとはかぎらない

喜 「旧モデル」と比べながら案内する

ゲームはしないとのことでしたので旧モデルがおすすめです
NEW
たしかに旧モデルで十分かも

自分の使い方に合った商品がリーズナブルに買えてうれしい

みんなが「新商品」を求めているわけではない

「そちらは今日入ってきたばかりです」と紹介したら、お客様に軽く流されてしまったことはありませんか？

そのお客様は「新しい商品」より、「自分に合った商品」を求めているのかもしれません。

こんなときには、新商品とともに以前から店頭に並んでいる商品のよさも比較しながら説明しましょう。

家電店でタブレットの接客を受けました。

いくつもあるなかで迷っていて「ペンで絵を描きたいんです」と伝えると、「この商品は、ひと世代前の少し古い型ですが」と前置きしたうえで商品を紹介してくれました。

「新商品はゲームをするのに適した性能ですが、お客様はゲームはしないとおっしゃっていましたよね。もちろんペンで絵も描けます。重さも変わらないですし、安いですし、おすすめです」と教えてくれました。

「新商品に特別な機能があるのかな」と思っていた私は、手ごろな価格のタブレットと、オプションのスタイラスペンを一緒に安心して購入しました。


家電店にかぎらず、さまざまな店で新作であることが強調されます。

しかし、以前から新作を待ち望んでいた人でないかぎり、新しいことだけにこだわる人はそう多くないでしょう。

お客様の用途や目的を確認したうえで、新作と以前からあった商品のメリットやデメリットを説明すれば、納得して買いものができます。

25

似たような商品を案内するときには

嫌 よくある説明で違いがわからない

A店
B店
C店
ほかの店でも聞いたよ
このパンツはシルエットがとてもきれいです

ほかの店でも聞く説明やメリットだと、
「その店で買わなくていい」と思う

喜 「この店ならでは」をアピールする

「この店で買うメリット」がわかると
試着・購入したくなる

シンプルなものほど「店ならでは」を伝える

シンプルなものほど、ほかの店との違いがわかりづらいものです。

使って初めてわかるような「この◯◯感はうちの店ならではです」などと使用感を伝えると、お客様の購買意欲がぐっと高まります。

私が働いていたショップの人気商品はパンツでした。パタンナーが試行錯誤してつくったパンツは、多くのお客様から人気で、新作が出るたびに顧客が来店していました。

あるお客様がそのパンツを手に取ったので、「こちらはとてもシルエットのきれいなパンツです」と説明したところ、「そうなんですか」のひと言でラックに戻されてしまいました。

そのあと、同じ商品を別のお客様が手に取りました。「当店のパンツをはいたことはありますか?」と聞くと、「ない」と言います。

そこで「シルエットがきれいなパンツ、といえば当店、と密かな人気です」と伝えたところ、「そんなにシルエットがきれいなら、はいてみたい」と試着してもらえることになりました。

このように、「○○（特徴）な△△（商品）といえば□□（ブランド・メーカー名）です」と話してみると、どこに力を入れてものづくりをしているのかが伝わりやすくなります。

「身体を冷やしすぎないエアコンといえば」「ありそうでないセンスの良いデザインの家具といえば」「頭皮に優しいシャンプーといえば」など、店のウリはなんなのか、日ごろから考えておくとよいでしょう。

細かなこだわりが詰まっている商品ほど、言葉でそのよさが伝わるようにしたいものです。

嫌 「お好みでないかも」と消極的に見せる

これはあまり
お好みでないかも
しれませんが
そっか、
ダメなやつ
なのかな

ストックにずっと眠っていた
「ダメな商品」「よくない商品」に見える

喜 「おすすめです」と自信を持って見せる

こちら
おすすめなので
ぜひ
ご覧ください
えー、
どんなのかな

ストックからわざわざ持ってきてくれた
「とっておきの商品」に見える

「この○○しかない」は商品の魅力を半減させる

お客様に商品を提案するさい、「あとはこの色しかないのですが……」と否定的な言葉で伝えると、「その色はよくないんだ」と思われてしまいます。

「こちらのような色もあります」と肯定的な言葉で紹介しましょう。

あるとき、バッグを手にしていたお客様から、「ほかの色はありますか？」と声をかけられました。

なかなか売れずに倉庫にしまっていた商品を「あとはこちらしかないのですが」と差し出すと、お客様は「そうですか」と残念そうな顔をしました。

しかし、先輩が別のお客様を接客したとき、同じ商品を倉庫から持ってきて紹介しました。「こちらもすごくすてきな色です。どうぞ」と伝えると、お客様はうれしそうに目を輝かせてバッグを受け取り、バッグのなかを見始めました。

売れ残り品だと思うと販売員は「きっと気に入ってもらえないだろう」と思ってしまいます。

しかし、お客様にとっては「わざわざ倉庫から出してきてくれる、とっておきのもの」なのです。

商品の良し悪しは販売員ではなく、お客様が決めます。販売員の「ダメな商品だ」というフィルターを外し、前向きな言葉で紹介しましょう。

たとえば、「こちらもすてきですよ」「ピッタリだと思ったものをご紹介できてうれしいです」とポジティブに伝えると、お客様も好意的に受け取ってくれるでしょう。

嫌

「安い」「お買い得」と強調する

安いし いいと 思います
お買い得 です
安い ですよね
安いから 買いたいわけ じゃないの!!

「安いから買いたいわけじゃない」と反感を買ってしまう

喜 お客様が価格を見られる隙をつくる

お客様に価格を確認してもらうと、
価値・コスパを判断しやすい

「安い」をアピールできる隙をつくると

安いことは購入するかどうかを判断するメリットの一つです。

しかし、販売員が安いことを強調しすぎると、お客様から「安いから買うわけじゃない」と反発を招くこともあります。

お客様のほうから、さりげなく見てもらえるように、小さな工夫をしてみましょう。


売れる販売員は自分から「安い」とアピールしません。するとしても、商品のメリットを十分に話してから「こんなにいいところがあるのに、この価格です」と話します。

しかし、価格の感覚は人それぞれです。販売員が安いと思っても、お客様は高いと思うこともあります。

そこで、お客様から気づいてもらえるように工夫します。

たとえば、「提案商品を取りに行ったり、在庫を確認しに行ったりしているあいだに、お客様にタグを確認してもらいやすくする」「タグをしまうふりをして視線を値段に誘導してみせる」などの方法があります。

「高かったからやめた」と思われると恥ずかしいので、多くのお客様は販売員の前で値段を確認しようとしないものです。

一方的に、「安い」「お買い得」を強調するよりも、お客様自身に価格を見てもらえるように工夫しましょう。

お客様が価格と価値やコスパ（コストパフォーマンス）を照らし合わせて、高い・安い、買う・買わないを判断するでしょう。

嫌　予算に合う商品しか案内しない

ご予算のなかだとこのあたりの商品です
うーんどれもいまいち!

なんとなくの感覚で答えていることも。
「ピンとくる商品がない」と思われてしまう

喜　予算オーバーの商品も案内する

予算オーバーでも好きな商品に出合えたり、
納得して予算内の商品を買えたりする

予算オーバーの商品も見せていい

予算の要望を聞いたら、それを叶えなければ、と思うものです。しかし、お客様が「いい商品なら予算オーバーしてもいい」と感じることもあります。予算にとらわれすぎない提案をしましょう。

雑貨店で、お客様から「五千円くらいの日傘が欲しい」と言われ、好みを聞き出しながらいくつか商品を提案しました。

お客様はどれもピンとこない様子でしたが、パッと目に入ったものを手に取り、「これいいですね。これにします」と購入を決めました。

その傘は一万円で、予算の倍するものでした。お客様は、予算を聞かれたものの相場がわからずに、なんとなく答えただけだったのです。

それ以降、予算を超えたものも一緒に提案するようにしました。もちろん高いものを無理強いするわけではありません。

高い商品と比較すれば選びやすくなりますし、違いがどこにあるのかをわかったうえで選べると、満足度が高くなるからです。また、意外と高いほうを選ぶお客様が多いという気づきもありました。

予算を聞くとついそれに合わせて提案しようとしてしまいます。しかし、「予算に合う商品」よりも「多少高くても自分が気に入る商品」を求めるお客様も多くいます。

「(似たような)この商品が高いのは○○だからです。(低価格な)こちらはそれがありません。とくに気にしなければお買い得ですよ」などと話をすれば、お客様のイメージに合う商品を提案できるでしょう。

嫌　「高いから売れない」と思い込む

安い商品は売れても
客単価はあがらない

喜 お客様に合う理由を説明する

一見似たシャツですが、着るとパターンのきれいさが実感できます
高いけどこっちのほうがいいかも

お客様に合ったメリットを説明できれば高くても売れる

高い商品は「なぜその価格なのか」を伝える

値段が安くて、トーク慣れしている商品はそればかりすすめがちです。しかし、お客様は価格が違う理由を知ったうえで自分に合う商品を選びたいと考えています。「お客様が知らない、高い理由」を話して、お客様の選択肢を広げてみましょう。

私がいたアパレルショップでは、シンプルで万人受けする五千円のシャツを取り扱っていました。「安いから必ず買ってもらえる」と、パンツの接客ではいつもこのシャツを提案していました。なかにはパンツをやめてシャツだけ買っていくお客様もいました。

あるとき、お客様に五千円のシャツをすすめていると、同じようなデザインで価格が一万円のシャツを手に取りました。お客様から「似たデザインですがなにが違うんですか?」と聞かれ、「こちらは着るとパターンのきれいさが実感できます」と私が答えると、「シンプルなものほど、形が違うのですね。着てみてもいいですか?」と試着したあと購入していきました。

その様子を見て、「高い理由をきちんと伝えられれば買ってもらえる」と気づいたのです。それ以来、価格が高いものについてはその理由を本部からの資料で調べたり、ネットで検索したりして知識を得るようにしました。

その商品が高い理由を話せるようになると、自信がつき、説得力も増します。

お客様は安いものばかりを探しているのではなく、「価格に見合って自分と相性がいいなら欲しい」と考えています。選択肢を狭めないように、高単価な商品についても知識をつけておきましょう。

30

新品の在庫がないときには

嫌 「最後の一点です」とだけ伝える

こちらが
最後の一点
ですけど……
けど……？
それで……？
ケバ
ケバ
ケバ

つぎの提案がないと不親切な印象になり、
購入につながらない

喜　「できること」を最大限に提案する

あいにく店頭の一点で最後でした
じゃあ家に送ってもらおうかな
他店から取り寄せましょうか？宅配もできます

親切な印象につながり、
購入につながることも

新品がないときは「○○できます」と提案する

「（ほかのお客様が触っていない）新しいものはありますか？」と聞かれても、新しい在庫がなく、要望に応えられないことがあります。

そんなとき、お客様は「ないのは仕方ない。このお店（販売員）はどんな提案をしてくれるか？」を聞きたいと考えています。

あるとき、お客様から「新しいものが欲しい」と言われたので、「こちらの手袋は最後の一点なんですが……」と、伝えました。すると、お客様に「じゃあいらないです」と断られてしまいました。

こうした場面では、「最後の一点です。申し訳ございません」と伝えるだけでなく、他店からの取り寄せ、ECサイトの紹介、代替品の提案など、できることをいくつか挙げてみましょう。

この例なら、「こちらの手袋は最後の一点ですが、お取り寄せやECサイトの在庫をお調べできます」と、言葉をにごさずに伝えます。あるいは、その商品でなくてもいいから急ぎで必要なら、「同じ色味のものをご覧になりますか?」などと代替品を提案する方法もあるでしょう。

自店で扱う新しいものを用意できなかったときの対応方法を整理しておきましょう。こちらができることをすぐに伝えれば、お客様も答えやすくなります。

欠品時は「いつ必要か？」を確認する

お客様が欲しいサイズや色がないとき、「お取り寄せいたしましょうか」と提案します。でも、お客様は「明日使いたい」「今日は見に来ただけ」と考えているかもしれません。いつ必要なのかを確認するようにしましょう。

私がインテリア店で接客をしていたときのことです。

お客様が探しているシーツがなく、「お取り寄せしましょうか。すぐにご入用でしょうか」と伺うと、「来月の引っ越しに合わせてベッドを買い換えようと思ったんですけど、どんなものがあるのか知りたくて」と言われました。

そこで、「次回の入荷は一週間後ですが、その時期でしたら見比べていただけます。入荷したらお取り置きしておきましょうか。引っ越しの時期にも間に合います」とご案内しました。お客様は「それは助かるわ！」ととても喜んでくれました。

「○○ありますか？」と聞かれたとき、「ただいまご用意がないのですが、すぐにご入用ですか」と聞いてみましょう。

「すぐに欲しい」と言うお客様には代替品を提案し、「見たかっただけ」と言うお客様には入荷時期を伝えると喜ばれます。

お客様の欲しい時期を伺ったうえでこちらにできることを提案すると、気の利いた印象を与えられるでしょう。

第4章

お客様に嫌がられる言葉づかい 喜ばれる言葉づかい

嫌 お客様が好むもの ばかり提案する

同意ばかりしていると、
頼りなく感じる

喜　「こちらもおすすめです」と理由とともに伝える

お客様にとって意外な発見があり
「さすがプロ！」と思われる

「こちらもよいです」で選択肢を広げる

お客様が興味を示している商品に、「こちらのほうが似合うのに……」と思っても、否定的なことは言いにくいものです。

しかし、販売員として本音でアドバイスすると信頼を得られることもあります。お客様に気持ちよく受け止めていただくために「こちらもおすすめです」と選択肢を広げられるように伝えましょう。

私がアイシャドーを買いに行ったときのことです。そのときつけていた色と似ている色を手に取っていると、「そちらもお似合いになりますが、こちらの色も瞳の色と合いそうです」とアドバイスをしてくれました。

私は「いまつけているものが気に入っていたので、近いものが欲しい」と考えていましたが、新鮮な提案を受けて思わず心が動きました。

その経験から、私もお客様が商品選びをしているさいは、「そちらもすてきですが、こちらもお客様を引き立ててくれます」「私としてはこちらもおすすめです」と伝えるようになりました。

意見を言うのは図々しいかなと思っていましたが、どのお客様も「新しい発見があってよかった」「自分ではなかなか選ばない商品でうれしい」などと好意的に受け取ってくれました。

もちろん、強い言い方で意見を伝えたり否定したりすると、反発したくなるお客様もいるでしょう。「こちらもすてきです」と伝えると角を立てずに意見が伝えられます。

お客様の意見を尊重しつつ、こちらの意見を伝えてみましょう。やりとりを重ねていくうちに、お客様にとって頼りになる相談相手になれるでしょう。

嫌 ストレートに効能・効果を伝える

メリットから反対の言葉を連想させ、
お客様を傷つけることも

喜 「私は」「私の場合」と効能・効果を伝える

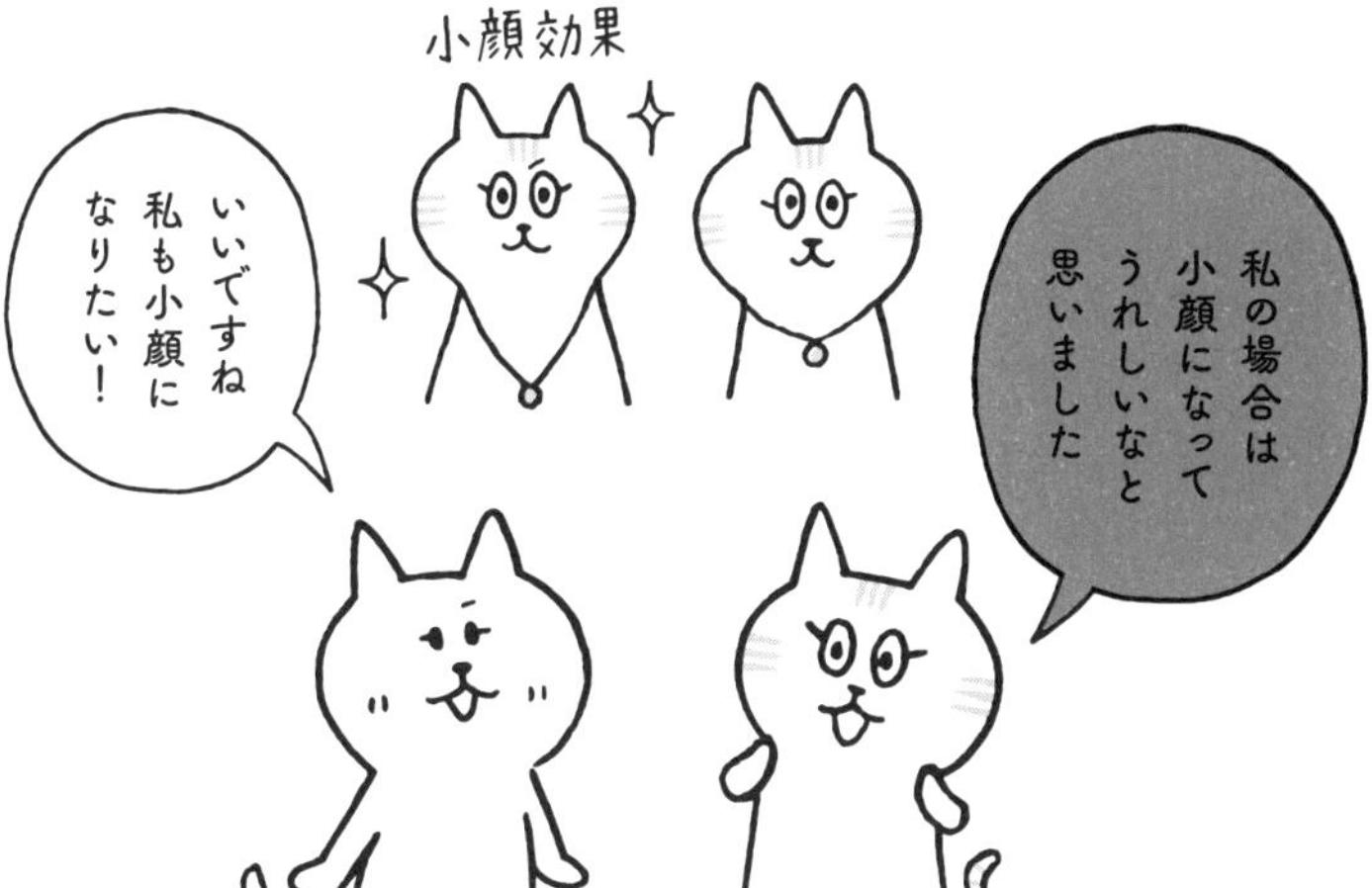

自分に置きかえて話すと
角が立たない

「デリケートな言葉」は自分を主語に話す

こちらが意図していないにもかかわらず、お客様が反対の意味で受け取ってしまいやすい「デリケートな言葉」があります。

たとえば、「着やせして見えます」と商品のメリットを言ったつもりなのに、お客様から「私が太っているってこと?」と受け取られてしまうことがあります。

このようなことを避けるためには、自分に置きかえながら提案すると、誤解なく伝えられます。

あるとき、縦長のネックレスは縦ラインが強調されるため、小顔に見えることを知りました。しかし、お客様から相談もされていないのに、こちらから「小顔に見えますよ」と言ったら失礼になりそうです。

「どう伝えればいいかな」とあれこれ考えていたある日、別の店でパンツの接客を受けました。するとその販売員は「私は、足が長く見えるので、気に入っています」と自分のことに置き換えて説明してくれました。「足が長く見えるのいいな」と共感した私は、商品にますます興味がわきました。

その接客をヒントに、縦長のネックレスを、「私は、小顔に見えるのが気に入っています」と案内すると、角が立ちにくくなりました。

ほかにも「お腹が目立たなくなる」「不器用でも使えます」「狭くても大丈夫です」など、外見や能力、経済力に関わるメリットは「私は」「ほかのお客様は」と、接客しているお客様以外に主語を置き換えて提案しましょう。

伝えれば響くメリットを、言いにくいことだから伝えずにいるのはもったいないことです。

33

お客様の変化を伝えたいときには

嫌　「若々しいです」と言ってしまう

アクセサリーで
若々しく
なりましたね！
どうせ
老けてますよ

「どうせ私は」と思わせる言葉は
失礼な印象になってしまう

喜

「より若々しいです」
と変化を伝える

より若々しくなりましたね！
そうですか？ありがとうございます！

「より」だとネガティブな印象がなくなり
失礼にならない

安易な「ほめ言葉」は避ける

お客様に「若々しいですよね」とほめたつもりなのに、「上から目線」「おばさん扱いされた」と否定的に受け取られてしまうことがあります。このようなときは「より」を付け足すと角が立たなくなるでしょう。

私が中年の女性に大ぶりなピアスの接客をしたときのことです。「若々しい印象になりますね」と伝えると、お客様に「そうねえ、もう若くないし、がんばらなくちゃね」と苦笑いされてしまいました。「若々しい」は、反対の意味を想像させてしまいやすいため、必ずしもほめ言葉にならないのです。

この一件以来、私は「より若々しく見えます」など「より」を伝えるようにしました。こうすれば、「もともと若く見える」というニュアンスが伝えられます。お客様は「そんなー、もうおばさんよ」と言いつつ、うれしそうにしてくれました。

「若々しい」のほかにも、「ほっそりする」「やさしい印象に」「上手に」など「なにかがよくなる」ことを伝える言葉は、「私はそうじゃないと思われている」ととらえられかねません。まったく気にしないお客様もいますが、どのお客様がどのように受け取るかはわかりません。

実際に商品を身につけたお客様に、「変わった」とびっくりしたことを伝えたい場面もあるでしょう。そのようなときは、「ますます○○です」「より○○です」と表現してみましょう。

お客様は、買いものを通じてなんらかの変化を求めているものです。その変化を伝えると、その商品を買いたい気持ちが高まります。

お客様のよさを引き出していることを強調する言葉づかいを意識するのがおすすめです。

嫌 想像のつく言葉で説明する

「そうでしょうね」と思われ
商品の魅力が伝わらない

喜　体験したときの実感を伝える

商品の魅力がより伝わりやすく、
イメージしやすくなる

感想を伝えると、特別な商品に見えてくる

「あたたかい」「肌に優しい」というメリットは当てはまる商品も多く、店ごとの違いが出にくいものです。

このようなときは「着たとたん、ホカホカします」など、自分が試してみて感じたことを言葉にして伝えてみましょう。

ECチャットを利用したときのことです。寒がりな友人のためにあたたかいパジャマをプレゼントしたい、と入力するとおすすめの商品を紹介してくれました。

説明には「じんわりとあたたかさが巡るような着心地です」と書いてあり、読んだだけで体温が上がるような気持ちになりました。

このように、ただ「あたたかい」と伝えるのではなく、自分がどのように感じたかを言葉にすると商品の魅力がより伝わります。

ほかにも「すっぱい」だけではなく「目が覚めるようなすっぱさ」、「肌に優しい」だけではなく「ずっと触っていたいくらい、優しい」など、感想を伝えましょう。

販売員の実感のこもった感想を聞かされると、お客様も「使ってみたい」「購入したい」という気持ちになるものです。

使ったときに自分の気持ちを言葉にできるように、「いま感じたことを言葉にしたら……？」と考える癖をつけてみましょう。

このような積み重ねから出た言葉は個性が出やすく、お客様の印象により強く残ります。

嫌 カタカナ言葉や専門用語で説明する

???
ストラクチャー?
こちらのワインはしっかりとストラクチャーを感じられ……

くわしくないお客様には
商品の魅力が伝わらない

喜　知識ゼロでもわかる言葉で説明する

くわしくないお客様にも
商品の魅力が伝わり親切な印象になる

カタカナ言葉・業界用語はつかわない

店で扱う商品には、それぞれ独特な表現があります。

たとえば、服なら「こなれ感」、インテリアなら「インダストリアル」、メイクなら「リッチなテクスチャー」などといったものです。

これらの言葉は、あまりくわしくないお客様にメリットが伝わりにくいので、わかりやすく言いかえましょう。

誕生日の記念に、ワインを買おうと思い立ちました。

奮発しようと思い、事前にオンラインストアで商品を調べたのですが、説明文には、「ストラクチャー」「テクスチャー」といった横文字が並び、イメージがわきませんでした。

「お店に行けばくわしく教えてもらえるかもしれない」と考えた私は店に出かけました。

事前にオンラインストアで見た商品を手に取っていると、スタッフが「渋みがあります。口に含むと、ほんのりオーク樽の香りを感じます」とわかりやすい言葉で説明してくれました。

こちらを初心者だと理解してもらっていたので、「オーク樽って、ワインが入ってる樽のことですよね？　それって苦いんですか」と気軽に質問できました。初歩的な質問にも親切に答えてくれたおかげで、自分の好みに合ったワインを楽しむことができました。それ以来、その店で購入するようになりました。

販売員にとっては「当たり前の言葉」でも、お客様にとっては「わかるようで、わからない言葉」です。**お客様に合わせながら、わかりやすい言葉を選んで伝えられるのは店頭の強みでしょう。**

嫌 商品を「この子」と呼ぶ

なんか
変なのー
この子は
さわやかな
いい香りです

擬人化されると違和感を覚えてしまう。
なかには引いてしまうお客様も

喜 商品への思いが伝わるように説明する

ていねいできちんとしている印象で、
商品説明から商品への思いが自然に伝わる

商品を「この子（コイツ）」と呼ぶのはアリ？

商品を「この子（コイツ）」と擬人化して話すと、商品への愛着が伝わりやすいと考えている人もいるようです。しかし、違和感を覚えるお客様も少なくないので避けるようにしましょう。

友人と棚にずらりと並んだ香水を前に悩んでいると、販売員は感じよく声をかけてくれました。

友人に好みを聞いたうえで、「この子はさわやかないい香りです」「この子はいかがですか？　当店イチ推しの子です」とニコニコ提案してくれます。

販売員は購入後の対応もにこやかで「たくさん使ってあげてくださいね」と送り出してくれました。

店を出たあと、友人が「すごくていねいだったけど、『この子』はちょっと引いちゃうわ」と、つぶやきました。さっぱりとした性格の友人にとって、商品を擬人化することを変だと感じていたのです。

商品は擬人化せず、「こちら」と表現しましょう。

「この子（コイツ）」と表現したときに、「思い入れを押しつけられている」「生き物ではないから変」と感じるお客様も多いからです。もちろん、お客様が「この子」と言ったときに、合わせるのはいいでしょう。

くわえて、**「○○してあげてくださいね」という言葉が気になるお客様もいます。**「（自分が買ったのに）店や販売員のものというニュアンスが引っかかる」という意見です。これも**「○○してくださいね」と表現すれば**いいでしょう。

嫌 「ので……」と語尾をにごす

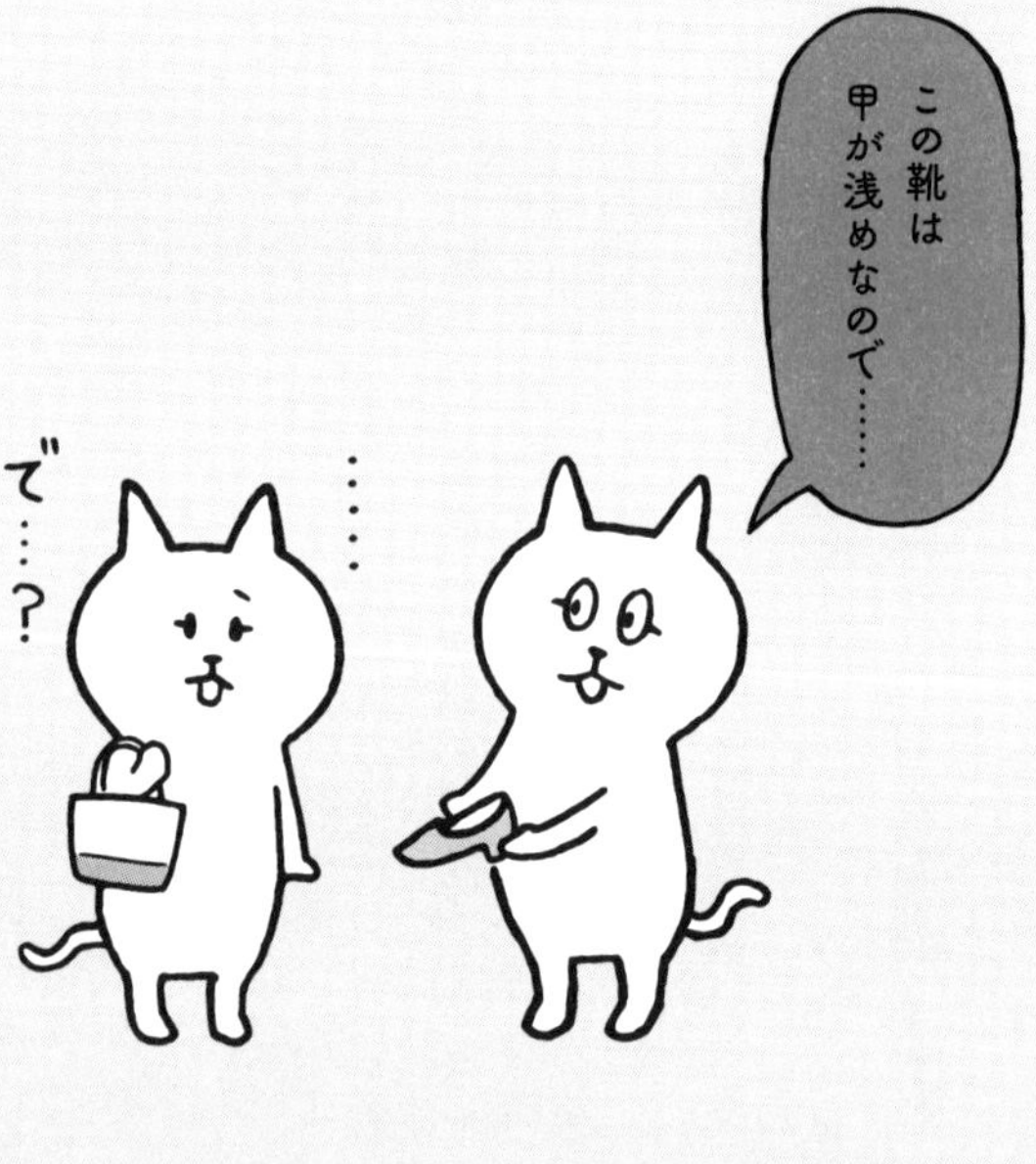
この靴は
甲が浅めなので……
……
で…？

「続きがあるの？」「で？」と思われて
伝えたいことが伝わらない

喜

「ので、○○です」と伝えきる

この靴は甲が浅めなのでお客様にぴったりです
へぇ　私は甲が浅い靴を選べばいいんですか?
なんか頼もしい!

結論をはっきり伝えると、頼もしく感じてもらえる

「ので……」と語尾をにごさない

「こちらはゆったりしておりますので……」と、「ので……」で語尾を終わらせていませんか？

最後まで言い切って、お客様に提案した意図や伝えたい内容をはっきり言葉にしましょう。

私がアパレル店にいたときの先輩は、説得力のある接客で人気がありました。その理由の一つは、お客様に商品を紹介するときに最後まで言い切っていたからです。

たとえば「この靴は甲が低めなので……」ではなく、「こちらの靴は甲が低めですので、お客様の足の形にフィットします」といったイメージです。

販売員が「ので……」で終わらせてしまうと、お客様は先があるのかと待ってしまいますし、「この販売員はなにを伝えたいのだろう……?」とモヤモヤしてしまいます。販売員を頼りなく感じることもあるでしょう。

このようなことを避けるためにも最後まで言い切りましょう。

「ご試着できますので、ぜひ試してみてください」「こちらはゆったりしておりますので、身体に張りつきません」というように、「ので……」に続けて伝えたいことを最後まで言い切りましょう。

あいまいな言葉で伝えても、お客様からあいまいなリアクションが返ってくるだけです。

具体的な言葉で伝えれば、具体的な反応が返ってくることが多く、そのあとの接客につなげやすくなります。

嫌 「かわいい」を連発してしまう

感性の違うお客様に
商品のよさが十分に伝わらない

喜

「かわいい」を
ほかの言葉で表現する

より適切な言葉に言いかえれば
商品の魅力がより伝わる

「かわいい」に頼らない

「かわいい」はとても便利な言葉です。

しかし、感性や年齢の違いがあるお客様には、「これが『かわいい』って、どういうことだろう？」と困惑されるでしょう。商品に合わせて誰にでも通じる言葉選びをすると、お客様に響きやすくなります。

あるとき、八〇代くらいのお客様が、バッグを手に取りました。パールの飾りがさりげなくついた、紫や水色の涼しげな色味の小花柄のバッグです。

当時、新入社員だった私が、「かわいいですよね」と声をかけると、「やっぱり、私みたいなおばあちゃんにはかわいらしすぎるわよねえ」と苦笑いされてしまいました。

「『かわいい』という言葉以外で説明できていたら？　あのお客様は欲しくなっただろうか？」と考えた私は、別の表現を考えてみました。

すると、「きれい」「知的」「上品」などなど、意外にもたくさんの言葉がありました。

さっそく先ほどと同じ小花柄のバッグを手に取っているお客様に「上品でさわやかですよね」と伝えると、お客様は「本当にそうねぇ」とうれしそうにうなずいてくれました。

お客様が共感できる言葉づかいをすることは、意思疎通をするうえでとても大切です。

「かわいい」をふだんから耳慣れている「すてき」「知的」「上品」などに言い換えてみましょう。お客様からいい反応が引き出せます。

どうしても「かわいい」と言いたいときには

本章で触れたように、「かわいい」を別の言葉に言いかえると、お客様に商品の魅力が伝わりやすくなります。しかし、「かわいい」がピッタリでどうしても言いたい場面もあるでしょう。

そのときは、「すっごく、かわいいですよね」としっかり感情を込めて言うのもありです。

私の後輩は「かわいい」が口ぐせで、接客のときも「かわいい」とつい言ってしまいます。「本当にそう思っているの？」と思われそうなものですが、その後輩が「かわいい」と言うと、お客様がニコニコとほほえむのです。

後輩は心からおすすめだと思うものには、「すーっごい、かわいいですよね！」「それはほんっとうにかわいいです！」と、「かわいい」の前の「すごい」「ほんとう（本当）に」の言い方でメリハリをつけていました。

あまりにも力が入った「かわいい」にお客様も「この人は嘘をついていない」と感じたのでしょう。いままでそんなに興味もなかった商品をしげしげと見つめていました。

「かわいい」を言いかえるフレーズが思い浮かばないときには、感情を交えて言い方をかえてみましょう。

きちんとした言葉ではないかもしれませんが、気持ちは十分伝わります。

第 5 章

お客様に嫌がられる試着・試用 喜ばれる試着・試用

嫌 「お試しになれますので」とすぐにすすめる

ご試着も
できますので
まだ
見たばっかり
なのに

商品に興味を持っていない状態で
試したくない

喜 興味がふくらんでから試着をすすめる

イメージがふくらむ話をすると、
実際に試してみたくなる

「お試しになれます」への反応が薄い理由

試着や、メイクのタッチアップなど、「お試しになれます」と伝えても、お客様からの反応は薄いことが多いでしょう。

それはお客様が「商品を試してみたい」という気持ちになっていないからです。お客様に商品への興味をふくらませるように接客してから、「お試しになりませんか」と提案しましょう。

私が勤めていたバラエティショップでは、衣料品を見ているお客様にも声かけをせず、試着をしたいときはお客様からスタッフに声をかける仕組みになっていました。

お客様をよく観察してみると、商品を手に取ってからすぐ試着する人はほとんどいません。どのお客様も商品を鏡の前で身体にあててみたり、商品を見つめたりしながら、これをどのように着ようかじっくり考えてから試着室に向かっていました。

その様子を見ていると、お客様は商品への興味や自分が着たイメージがわかないと試着したいとは思えないことに気づきました。

それ以来、自分が接客するときは、お客様に身につけたときのイメージを伝えるようにしました。

「お客様が着るとすらっと背が高く見えそうですね」「はくとふわっと軽いはき心地です」などと伝えたうえで、「ぜひ、お試しになりませんか」と提案すると、試着してくれるようになりました。お客様から「試したい」と言ってもらえることも増えました。

お客様の商品への興味やイメージがふくらむように話をしてから、商品を試してもらうよう促すようにしましょう。

嫌 黙って見るだけでなにも言わない

販売員や周囲の視線が気になって、
うまく試せない

喜　お客様の動きに合わせて声をかける

意外と硬いですよね
ほかと比べるとわかりやすいです

チェックポイントを案内でき、
より合った商品を見つけられる

お客様が試しているあいだは、一緒に試している気持ちになる

商品を試してもらっているあいだの沈黙は、お客様も販売員もお互いに気まずく感じるものです。

そのときは、自分から声をかけつつ、お客様から感想を引き出して、なごやかな空気をつくりましょう。

私がベッドの案内をしたときのことです。お客様に寝心地を確かめてもらうために、横になってもらいました。

私は感触をじっくり確認してもらおうと考え、お客様の枕元に立ち、なにも言わずにじっと待っていました。

すると、お客様は沈黙に耐えきれなかったのか、気まずそうにすぐ起き上

がってしまったのです。

このようなときは、お客様の視線と近い位置まで身体を下げるために中腰になり、「意外と硬いですよね」など、お客様が感じていそうなことに共感を示す言葉をかけます。

アパレルなら、お客様が映っている鏡を一緒に見る、カバンの中身を見たそうにしているときは詰めものを取って見てもらう、などの行動をとります。「全体のコーディネートのアクセントにもなります」「見た目以上にたくさん入るバッグです」「パソコンを入れるクッションも入っています」など、お客様の感覚に寄り添う言葉のストックをつくり、試しているあいだに投げかけるようにしましょう。

このように、一緒に試している感覚で振る舞い、言葉をかければ、お客様に気まずい思いをさせてしまうこともなくなります。

嫌 気になるポイントを放置する

着心地がいいですよね この素材は……
肩が気になる……

気になるポイントがあると
説明が頭に入らない

喜 気になるポイントを解消する

肩が気になる……
肩が気になりますか?

気になるポイントを解消すると
説明を聞いてもらいやすくなる

試着した直後は商品説明をしない

お客様が試着したあとで浮かない顔をしているときに、「着心地がいいですよね。この素材は……」と焦って畳みかけるように商品説明をしていませんか？

お客様が浮かない顔をしているのは、気がかりなことがあるからかもしれません。気がかりなことがあると、販売員がいくら熱心に説明しても、お客様の耳に入りづらくなってしまいます。

あるとき、試着室から出てきたお客様は鏡を見ながらじっと黙り込んでしまいました。なぜかわからないまま、とにかく商品の説明をしました。

一瞬の間があいたときに、お客様が「もう少し考えます」と断ったあと、

「どうしても肩が大きく見えてしまう気がして」と申し訳なさそうに理由を伝えてくれました。

私は、黙り込んでしまった理由を先に確認して着こなしのコツを説明すればよかった、と後悔したものです。

試着したあとにお客様が浮かない顔をしているときには、お客様の視線や仕草をよく見て理由を探るようにしましょう。

お客様が、鏡を見ながら同じ場所を触っていたり、近くで見て確認していたりするときは、「○○はいかがですか?」「○○が気になりますか?」と投げかけてみましょう。そうすれば、お客様が気になることを話しやすくなり、信頼感が増し、安心して接客を受けられます。

また、気になった点を解消できると、ほかのいいところに目を向けてくれるようになります。焦って話を畳みかけるのではなく、まずお客様が気になっていることを引き出すようにしましょう。

嫌 「いかがですか？」とお客様に聞く

お客様はプロ（他人）から見て
どうなのかを聞きたい

喜 「拝見しますね」とこちらから確認する

サイズ拝見します!
肩の切り替え線が肩の骨に合ってるのでちょうどいいですね

プロからアドバイスをもらえると、
安心・納得して購入できる

試着後の「サイズ感」はプロの意見も伝える

「決めるのはお客様。自分の意見は伝えないほうがいい」と思っている販売員も少なくないようです。

でも、お客様は、プロとしての意見を販売員に求めていることがあります。

あるとき、コートの試着をしたお客様に「サイズはいかがですか?」と伺いました。すると、少し困った様子で「店員さんから見てどうですか?」と逆に聞き返されました。

お客様は、「販売員のプロの目から見て、サイズが自分に合っているかどうか?」を聞きたかったのです。

お客様は、「好みのサイズに合った服を選びたい」と思いながらも、自分で判断することに不安を感じることもあります。

その商品のプロである販売員から、「肩のラインが合っていて、よけいなしわも入っていないので、大丈夫です」などと太鼓判を押してもらえれば、自信を持って購入できます。

お客様が判断に困った表情や動きをしていたら、販売員から「サイズを拝見しますね」と伝えたうえで、「なぜサイズ感が合っているか？」「なぜほかのサイズも試したほうがいいか？」と根拠やチェックポイントを伝えれば、頼もしく感じてもらえるでしょう。

これは、アパレルだけではなく、化粧品、インテリアなどで、サイズや色味、コーディネートなどについても同じです。

最終的に決めるのはお客様です。その判断材料を求められている場面では、こちらから率先して意見を伝えるようにしたいものです。

嫌 「商品」について説明する

そちらの色は今年の流行で……

「自分に合っているかを確認したい」
という目的からずれてしまう

喜

「お客様と商品」について話す

「自分にその商品が合うか?」がわかるので
「試着してよかった」と思える

「商品のよさ」を話すだけで満足しない

お客様が試着するのは、「自分に合う（似合う）か？」を試すためです。

インターネットなどで商品のことは自分でも調べられますが、それが自分に合っているかどうか、自分自身で判断するのはなかなか難しいものです。

そこで、販売員の目線が必要になります。

アパレル店で、試着室から出てきたお客様に、「すごく形がきれいですよね」と商品のよさを伝えました。

しかし、お客様はあいまいにうなずくばかりでした。

あるとき、別のお客様が来店し、先輩が同じ商品の試着を担当しました。

すると先輩は、「お客様は肌にハリがあるので、こちらのように生地にハリがあるものがお似合いになりますね」などと、お客様と商品の特徴を照らし合わせながら説明していたのです。

お客様は「へぇ」と興味深そうに話を聞いています。

「自分の肌と服に関係があるなんて、知らなかった」と、自分に合う商品の選び方を聞けてうれしそうでした。

そのあとも、別の商品を試しながら、「これは私にはどうですか？」と先輩に質問しながら楽しそうにやりとりをして、「じゃあ、こちらも一緒にお願いします」と満足げに購入を決めていました。

お客様が「自分に合うか？」を知りたいのは、アパレル以外の商品でも同じです。その商品がお客様にどのような効果をもたらすのかを、販売員ならではの客観的な視点で話すと、安心して買ってもらえるでしょう。

嫌 「ご試着いかがですか?」と確認する

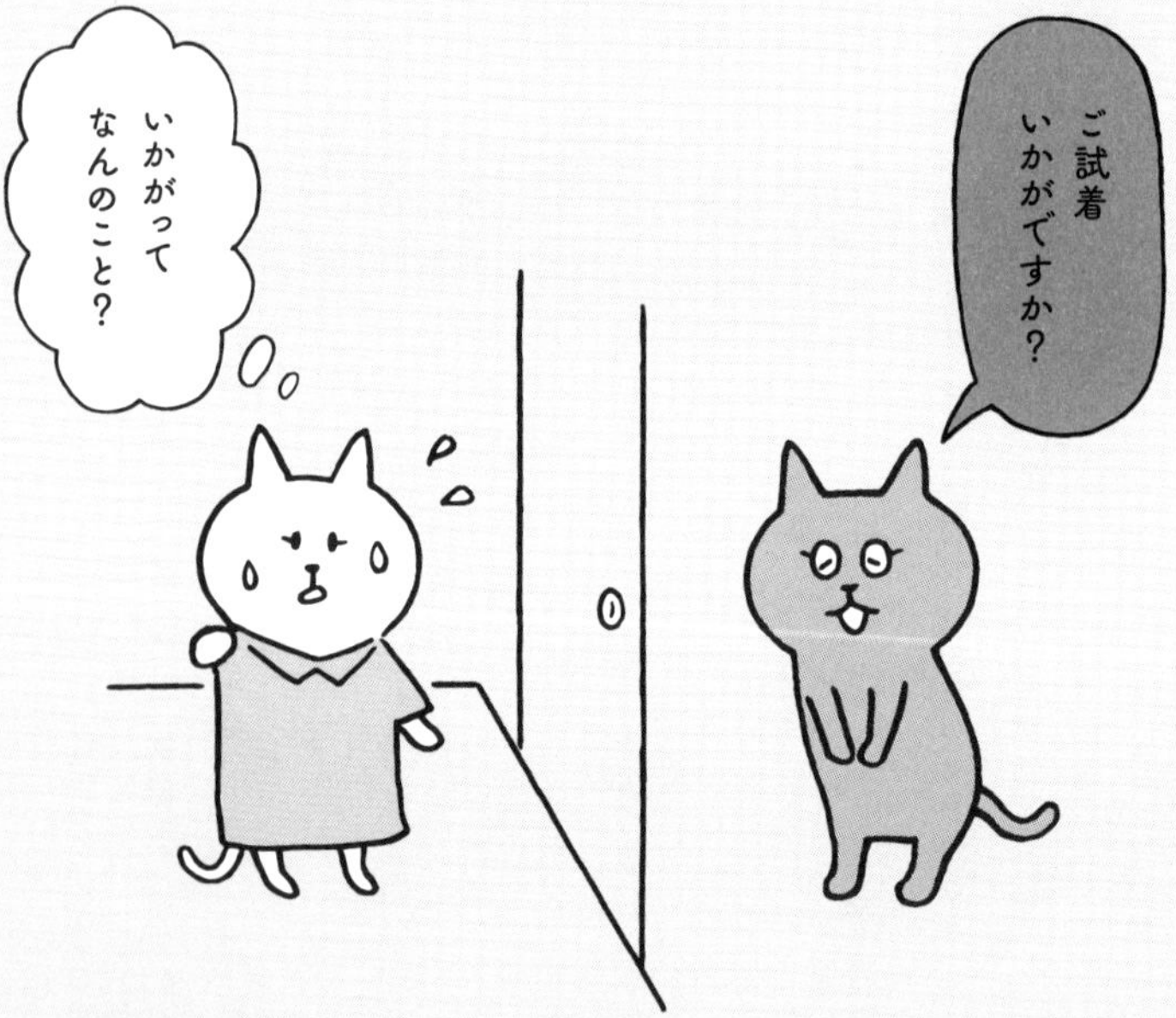

なにを答えていいのかわかりづらい

喜 「ご試着お済みですか?」と確認する

お客様が返事しやすく、
そのあとの接客も進めやすい

試着の確認は「お着替えはお済みですか」と聞く

「失礼いたします、ご試着いかがですか？」と試着室で着替えているお客様に声をかけたときに、あいまいな答えしか返ってこなかったことはありませんか？

それは、お客様からすれば「いかがですか？」と聞かれても、なにについて聞かれているのかわからず、答えにくいからかもしれません。

あるとき、試着中のお客様に「失礼いたします、ご試着いかがですか？」と話しかけたところ、返事がありませんでした。

聞こえなかったのかもしれないと思い、何度か声を大きくして話しかけましたが、やはり反応がありません。

しばらくして試着室から出てきたお客様は、自分の服に着替えてしまっていました。「すみません、なんて答えていいかわからなくて。ちょっと考えます」と言いながら、試着した商品を返されました。

そのあと、どのように言えばお客様が答えやすくなるかを考えてみました。

まず、試着前に「試着がお済みのころ、こちらから声をかけます。ぜひ外の鏡でもご確認ください」と伝えておくと、お客様も心の準備ができるでしょう。

それから頃合いを見て、ドアに顔を近づけ、「お客様、失礼いたします。ご試着はお済みですか？　ぜひ外の鏡でもご確認ください」と声をかけると、お客様から「まだです」「いま出ます」などとすぐに返事をもらえるようになったのです。

こうして試着前と試着中に話しておくと、お客様も試着室から出たあと、リラックスして話しやすくなります。

45

お客様が実際に試着しているときには

嫌 「お客様の感覚」に任せる

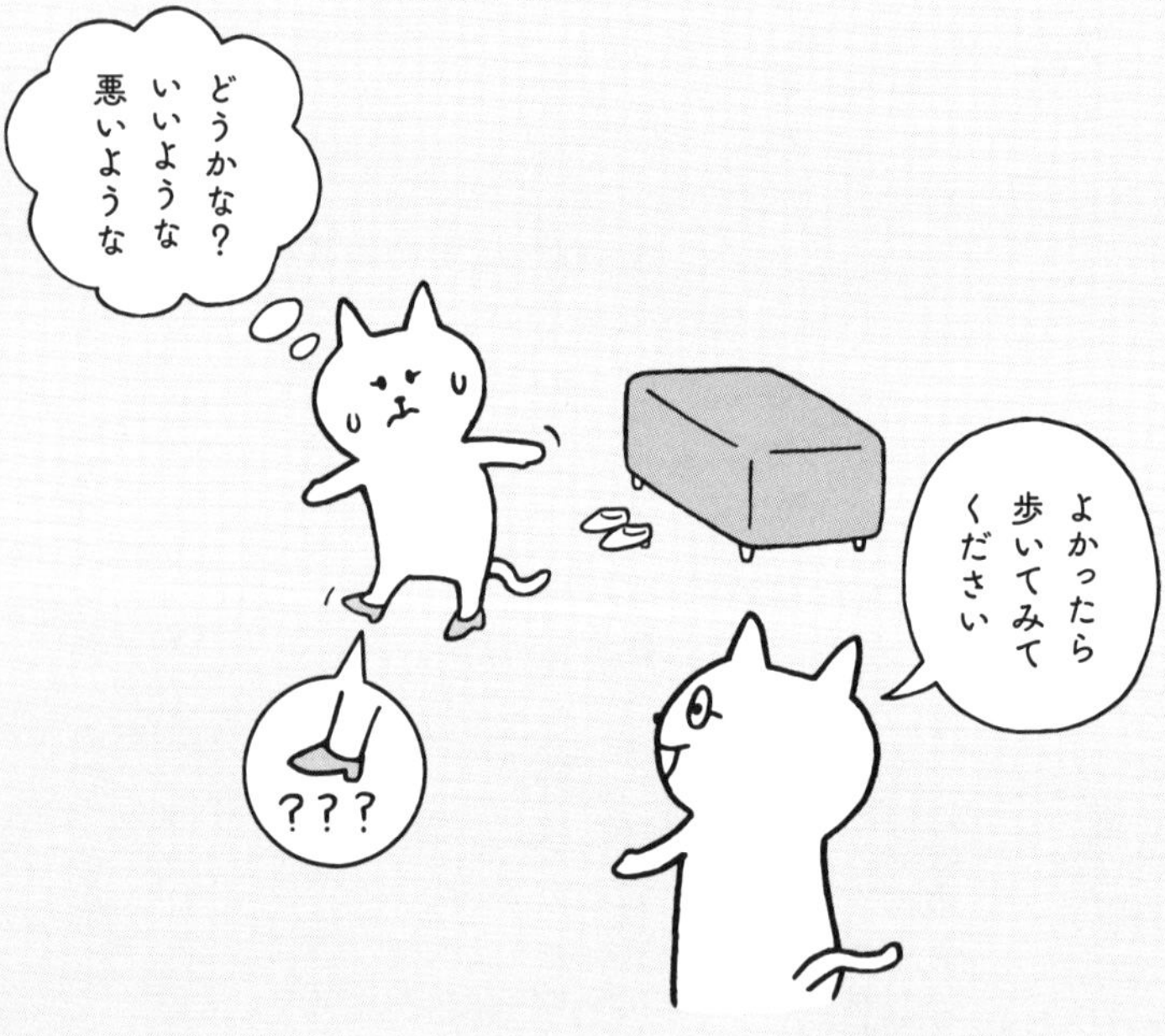

チェックポイントがわかりづらく、
購入するかどうかを判断しづらい

喜

「チェックポイント」を伝える

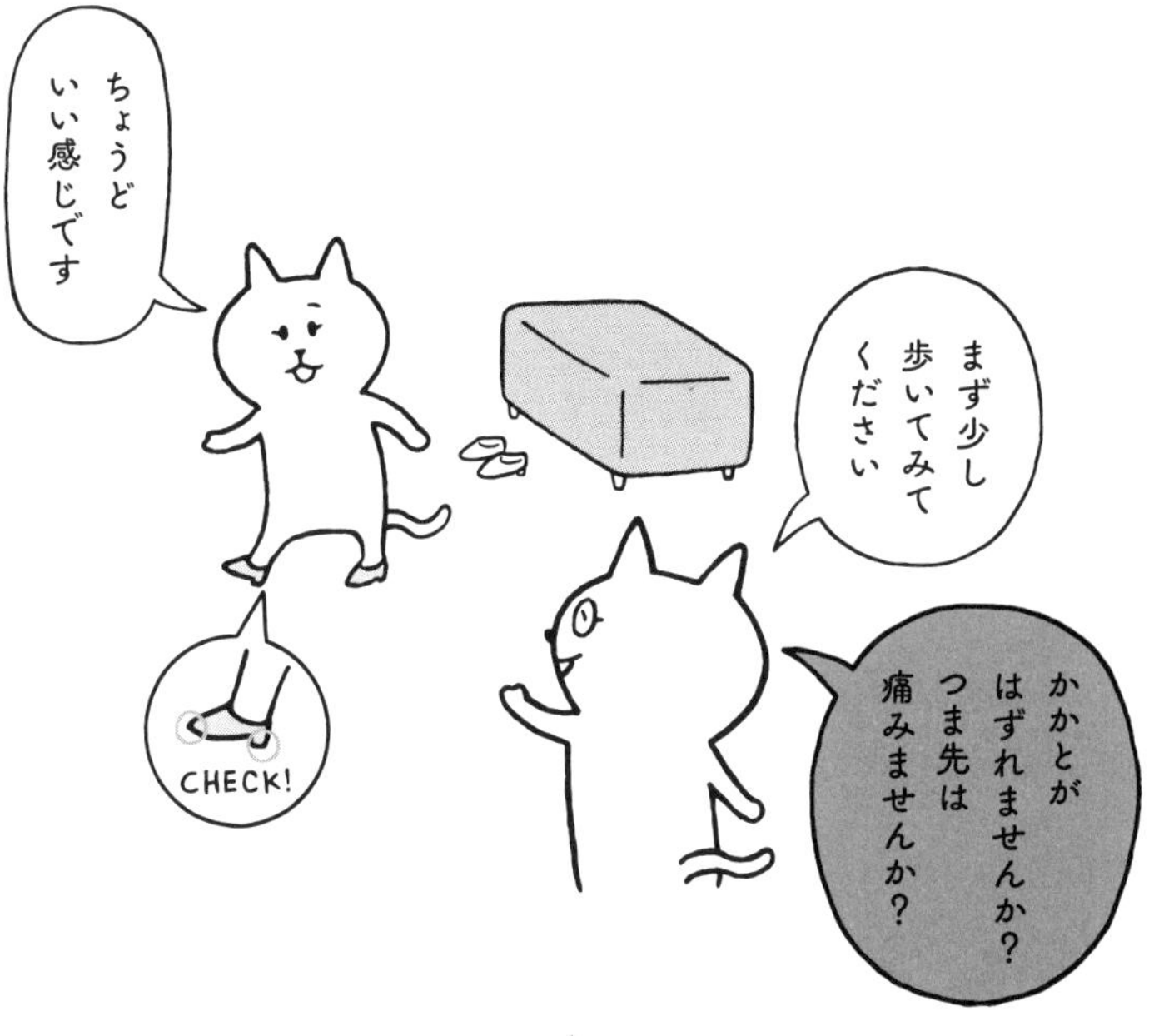

**チェックポイントを教えてもらえると
満足感と信頼感が増す**

試してもらうときはお客様任せにしない

商品を試しているお客様には「いかがですか?」と漠然と聞くのではなく、確認してもらいたいポイントを具体的に伝えましょう。お客様は「商品選びのポイント」を判断材料に、購入しやすくなります。

私が靴を試着したときのことです。

店内を歩きながら、「かかとが抜けませんか?」「足先が詰まって痛くなっていませんか?」とチェックポイントを教えてもらったので、「そこは大丈夫です」「ここはたしかに痛い気がします」としっかり確認できました。

以前、別の靴を買ったときに感じた「いざ実際に歩いていたら脱げた」「靴ずれが痛い」といったことがなく、「選び方でこんなに変わるんだ!」と感動しました。

そこで、私も試着を案内するときは同様に、「一度かがんでみてください。食い込みませんか？」などと声をかけ、チェックしてもらうようにしました。お客様からは「この店に来たら購入のチェックポイントが聞ける」「安心してサイズ選びができる」という声をいただき、リピートしてくれるお客様も増えました。

お客様からすれば、実際に試して販売員から判断材料や意見を聞けるのは、実店舗の魅力です。

販売員からしても、お客様にアドバイスしながら試してもらうときの仕草や言葉から、気になるポイントを把握しやすくなり、それを次回の接客やECチャットに反映させられます。

「いかがですか？」と漠然と質問するのではなく、試着や試用の際にチェックしてほしいポイントを具体的に伝えましょう。

お客様の試着中になにをしていますか？

お客様が試着しているあいだに、なにをしていますか？「コーディネートアイテムを探す」と答える人がほとんどでしょう。コーディネート商品を用意し、セットで買ってもらおうとするのは、もちろん間違いではありません。

お客様が試着してまず知りたいのは、「その商品のサイズが自分に合っているかどうか？」です。ですから、まず優先して用意しておきたいものは、「違うサイズ」です。

お客様に「ちょっと小さい（大きい）のでやめておきます」と言われてから、「すぐに取ってまいります」と言っても、「いえ、もういいです」と試着室のドアやカーテンを閉められてしまいます。

一方で、「こちらにご用意しておりますので、ぜひお試しください」とすぐに案内できると、お客様にサイズ違いの商品も試してもらえるかもしれません。

「セットで買ってもらう」前に、「試着している商品」を気に入ってもらわないと、「セット買い」どころか、その商品自体もお買い上げにつながりません。

お客様が試着室に入ったら、まずは「ほかのサイズの商品」を優先し、それから「コーディネート商品」を用意するようにしましょう。

第6章

お客様に
嫌がられるひと押し
喜ばれるひと押し

嫌 「在庫がなくなる」と急かす

在庫が少ないので
早めに戻ってきて
くださいね
どうしよう…
まぁ
なくなったら
それはそれで
いいか

在庫がなくなればそのときはそのときだし、
ネットで買えばいいと思う

喜　「なぜ、おすすめか？」を伝えて見送る

じっくり見比べてみてください
このシャツは肩のラインがお客様にピッタリでした
はい！ちょっと行ってきます

商品の魅力をあとで思い出し、
再来店につながることも

「在庫がなくなる」と急かさない

お客様が悩んだ様子で「ほかも見てきます」と店を去るとき、「在庫がない」などと、焦らせるような言葉は逆効果です。

「この商品は〇〇なところがお客様におすすめです。ぜひゆっくりご検討ください」と**お客様にその商品をおすすめする理由を伝えましょう。**そうすれば、お客様の印象に残り、その店にまた行きたくなります。

あるとき、お客様が「ほかの店の商品も気になるので」と店を去ろうとしました。とても気に入っている様子で、あとちょっとで購入してくれるかもしれないと感じた私は、「すごく人気がある商品ですので、在庫がなくなってしまうかもしれません」と伝えました。

すると、お客様は、「なくなったらそれはそれで仕方ないですね」と苦笑いしながら去っていきました。

別のある日、私がほかのお店でシャツの購入をこのお客様と同じように迷ってしまいました。

すると販売員は「このシャツはお客様の身体のラインにピッタリです。ゆっくりご検討ください」と送り出してくれました。

ほかの店を回っても、「あのシャツは私にピッタリだったんだな」と頭から離れず、結局、その店に戻って購入しました。

「この商品は○○なところがお客様におすすめです。ゆっくりご検討ください」と伝えると、商品の魅力を印象づけられます。

さらに、「後悔しないで買いものをしてほしい」という気持ちも伝えられます。こちらの「買ってほしい」という気持ちを全面に押し出すより、お客様に寄り添う言葉を伝えましょう。

47

「どれも欲しい」と悩んでいたら

嫌

「どれもおすすめです」と伝える

「売りつけようとしてる」と
警戒されてしまう

喜

自分の意見を正直に伝える

信頼感が増して
安心して判断できる

#「全部おすすめです」は響かない

お客様は「販売員に買わされるのは嫌だ」と思っています。たとえあれもこれも欲しいと悩んでいたとしても、「全部おすすめです」と言われると、「売りたいだけかな」と疑いたくなるものです。

時として、「いまは必要ないかもしれませんね」とはっきりこちらの意見を伝え、お客様に自信を持って購入してもらえるようにしましょう。

季節の変わり目などに接客していると、試着室から出たお客様がたくさんの商品を前に、「あれもこれも欲しいけど、全部は買えない」とどれを買おうか迷う場面に立ち会うことがあります。

そんな場面では、「全部おすすめです」と言うよりも、「いま買わなくていい商品」を説明する方法もあります。
「こちらとこちらを比べると○○なので、いまは必要ないかもしれませんね」などと伝えると、お客様が判断しやすくなります。

このときには、いま買わなくていい理由をはっきり説明しましょう。

ポイントは、買わなくていい商品を否定するのではなく、「こちらのほうが、顔映りがよりよかったから」「こちらのほうがより使いやすいから」などと、前向きな表現で伝えることです。

そうすれば、お客様が自分の気に入った商品を否定されたように感じることなく、販売員の意見をもとに判断しやすくなります。

お客様に自分の意見を伝えるための知識と真摯《しんし》さがあって初めてお客様に「売上よりも自分のことを優先して考えてくれている」と喜ばれます。お客様は「またあのお店に行きたい」「あのお店で買いたい」という気持ちになり、中長期的に売上にもつながるでしょう。

48

お客様が長いあいだ悩んでいたら

嫌 ずっと寄り添って一緒に悩む

どちらもいいですよね悩みますね
お客様が悩んでるなら私も一緒に悩まなきゃ
ナヤム…
どうしようどうしよう早く決めないと!

「付き合わせているし、買わないと悪い」
と気をつかってしまう

喜　いったん離れて一人で考えてもらう

一人でじっくり考えられて、
結論を出しやすくなる

悩むお客様と一緒に悩まない

お客様が色やサイズを迷って、購入を決めかねているときがあります。商品のメリットや判断のポイントなどをひと通り説明しても迷っていたら、その場からいったん離れましょう。

お客様が一人で落ち着いて考えてみたら、意外と答えが出やすくなることもあるからです。

あるとき、お客様が「こっちの色もいいけど、こっちも捨てがたい」と悩み始めました。なぜ迷っているのかを聞いたり、こちらの意見を伝えたりしましたが、それでも長いあいだ結論が出ませんでした。

私は「ここまで来たら、一緒に答えを出さないと」とピッタリ寄り添っていました。しかし、お客様はちらちらと私を気にしながら、「すみません、悩んじゃって」と頭を何度も下げ、結局、「また考えてから来ます」と去っていきました。

このようなときは、「ゆっくりご覧になってください。また戻って参ります」といったん離れましょう。

すぐ後ろだと見張られているようで落ち着かないので、お客様が顔を上げてこちらを探した際に、すぐに応対できる位置で手元を動かしましょう。

いったん離れて三分程度時間をあけてからお客様のもとに戻ると、晴れやかな顔で「決めました！」と言ってもらえることが増えました。

一緒に悩むことも親切ですが、お客様が一人でじっくり考える時間をつくることも親切です。最後に「自分で決めた」という納得感がお客様の満足感につながります。

嫌 「このあとのご予定」を聞く

このあとのご予定は？
え……
あんまり関係ないこと聞かれるの嫌だな！

「そんなこと話したくない」と
思ってしまう

喜　接客中に伝えたことを改めて伝える

先ほども
お伝えしたのですが、
このドレッシング
お肉にかけても
おいしいのでぜひ！
いろいろ
教えてくれて
ためになるな！

「いい買いものができた」と満足度が上がり、
使用後の満足度も上がる

「このあとのご予定」は聞かれたくない

レジでの雑談はお客様との距離を縮めます。しかし、「関係ない話は避けてほしい」と思うお客様もいます。そのようなときは、接客中に伝えたことを再度伝えたり、伝えられなかったことを補足したりしましょう。

あるとき、レジでお客様に「これからお出かけですか?」と話しかけると、「はい、まあちょっと……」と苦笑いされてしまいました。そこから会話が弾まず、気まずい空気になってしまいました。

こちらは会話のきっかけ程度のつもりでも、お客様はあまり話したくなかったのでしょう。

それから何日か経ったとき、レジで別のお客様から「さっき教えてくれた組み合わせってなんでしたっけ？」と質問されました。

そのときに、「接客で伝えたことは一回だけでは覚えられないよね。レジでもう一度伝えたら喜ばれる」と気づきました。

それ以来、「先ほど、接客中にお伝えしたことなのですが」「先ほどお伝えできなかったお手入れの方法なのですが」と前置きして伝えるようにしました。

お客様も自分が購入するものの使い方や手入れのコツなどを教えてもらっているので、興味津々です。ほとんどのお客様が「やってみます」と笑顔で店をあとにしてくれました。

間を埋めるように関係のない話題を無理に投げかけるのではなく、お客様が商品を存分に使ったり楽しんだりするためのコツをレジで伝えましょう。お客様の印象にも残り、購入後の満足感も高まり、一石二鳥です。

嫌 「定番の言葉」で感謝を伝える

ていねいだけど
なんか寂しいなー
CAT APPAREL
ありがとうございました！
またお越しくださいませ！

いい買いものができたのに
急に距離ができた気がして寂しく感じる

喜 「自分の言葉」で感謝を伝える

CAT APPAREL
お買いもののお手伝いができてうれしかったです
季節の変わり目にまたお越しください
ありがとうございます
また来ます！

「いい買いものが楽しくできたし、
また来たい」と思ってもらえる

「ぜひ、またご来店ください」でつながりを大切にする

出口まで見送るさいに、「ありがとうございました。またお越しくださいませ」と言うと、お客様はマニュアルっぽく感じて、「話が弾んだのに急によそよそしくなって寂しい」と思うかもしれません。

お見送りのときには、「○○なころに、またぜひご来店ください」と再会を祈りながら伝えて、あたたかい気持ちで帰ってもらいましょう。

初対面のお客様との会話が弾むことも増えてきたときのことです。

「じゃあ、今度のご旅行も楽しみですね！」などと話しながら出口までたどり着き、「ありがとうございました。またお越しくださいませ」とひと息で伝えると、お客様がやや拍子抜けしたような表情になってしまいました。

いままで楽しく会話していたのに、見送るさいのひと言がよそよそしいマニュアルワードになり、急に距離感ができた印象になってしまったのです。

その表情が引っかかっていた私は、「お客様と話せて楽しかった。また接客したい」という気持ちを自分の言葉で伝えられていなかったことに気づきました。

それ以来、「今日はお話しできてうれしかったです。肌寒くなってきたころに、またぜひお越しください」と心を込めて見送るようにしました。

すると、お客様は「また来ますね」とニコニコしてくれ、再来店時にも気さくに接してくれるようになりました。よりお客様と気兼ねのないつきあいができるようになり、顧客も増えたのです。

去り際の言葉はいつまでも記憶に残るものです。自分の気持ちをきちんと言葉にして、ご縁が続くように再会を祈りましょう。

「お客様はどうしてほしい？」を考える——おわりに

販売員は人の心の動きに敏感な人が多いように感じます。

だからこそ、自分の接客でお客様に「嫌がられた」と感じ、落ち込んでしまうのでしょう。

落ち込んだぶん、お客様のことを考えられるようになっているなら、販売員として一歩ずつ前進できているということではないでしょうか。

本書でいちばん伝えたいのは、「お客様はどうしてほしい？」をつねに考えて行動すれば、お客様に喜ばれるという考え方です。

お客様の立場になって接客すれば、どこでも、どんな商品でも売れるようになります。この本がそのお役に立てれば、これ以上うれしいことはありません。

最後までお読みいただき、ありがとうございました。

平山枝美（ひらやま　えみ）
接客アドバイザー。大学卒業後、アパレル企業に入社。入社当初は売り場でまったく声をかけられずに棒立ちしていたものの、売れる販売員は接客の「ひと言」を効果的に使っていることに気づく。以来、接客のひと言に磨きをかけ、社内全販売員200人の売上トップに。店長・エリアマネジャーとしても実績を残し、全国の店長育成を担当。大手アパレルを経て独立。現在は、「お客様を主語に」をモットーに、無印良品（良品計画）、大型商業施設、インテリア小売店、美容室など、小売業全般の接客アドバイスを行なう。販売員の悩みを熟知したアドバイス・研修は、「言われたとおりに接客したら売上がアップした」「接客の発想が180度変わった」などと好評で、満足度アンケートで最高評価98％と人気を誇る。雑誌『ファッション販売』などに寄稿。著書に『売れる販売員が絶対言わない接客の言葉』（日本実業出版社）、『あの人だけが、なぜ売れるんだろう？』（幻冬舎）などがある。

絵・キタハラケンタ
イラストレーター・キャラクターデザイナー。北海道幕別町生まれ。東京都在住。埼玉大学教養学部卒業後、桑沢デザイン研究所デザイン専攻科卒業。ステーショナリーメーカーでの企画デザイン、デザイン事務所でのデザイン・ブランディングの経験を経て独立。キャラクターデザインと、ゆるめの線を生かしたイラストレーションが得意。

イラストでひと目《め》でわかる
お客様《きゃくさま》に嫌《いや》がられる接客《せっきゃく》 喜《よろこ》ばれる接客《せっきゃく》

2021年11月１日　初版発行

著　者　平山枝美 ©E.Hirayama 2021
発行者　杉本淳一

発行所　株式会社日本実業出版社　東京都新宿区市谷本村町３−29 〒162-0845
編集部　☎03-3268-5651
営業部　☎03-3268-5161　振　替　00170−1−25349
https://www.njg.co.jp/

印刷・製本／中央精版印刷

ISBN 978-4-534-05882-9　Printed in JAPAN